津和野 乙女峠 37人の「証し人」

筒井砂 著
片岡瑠美子 監修

女子パウロ会

乙女峠マリア聖堂

発刊にあたって

３４００名ほどの長崎・浦上キリシタンたちが、江戸時代末期の「浦上四番崩れ」（１８６７年）に端を発する江戸幕府と、その後に政権を引き継いだ明治政府による国家的な迫害によって西日本の20藩22カ所に流刑となった事実、そして、このことが「信教の自由」という人権を尊重する近代の日本社会を築いていく隠れた礎石となった事実は、日本国内でさえ、あまり知られていないのが実情です。

今年２０２３年は、明治政府によって１８７３（明治６）年にキリスト教禁止の高札が撤去され、流配されていた浦上キリシタンたちが帰郷の悲願を達して、１５０年になります。流配先の浦上キリシタンたちに対する処遇は一様ではなかったようですが、20藩22カ所において、約６６２名が帰らぬ人となりました。彼らは、ただ信仰のゆえに厳しい責め苦を受けて改宗を迫られた人々であり、直接的に処刑された訳ではないものの、迫害による「殉教」に相当する最期を遂げた人々が含まれています。管轄区域内に7カ所の流配地がある広島教区は、これらの方々の信仰の証しを顕彰する活動を続けてきましたが、流配中に亡くなられた約６６２名の死が、信仰への迫害による「殉教」に相当するのかどうかの調査は、時間の経過とともに難しくなってきますし、それを裏付ける歴史的文献が必要とされます。そのために、広島教区では、政府側の資料もかなりそろっている津和野・乙女峠の37名の「証し人」を、約６６２名の象徴として一足早く列聖調査を開始する申請を教皇庁列聖省に行い、２０１９年２月５日にその許可を正式に受けて、現在、列聖のための第一段階である列福申請書をまとめる作業を続けています。

今年２０２３年5月4日は、広島教区が「教区」に昇格する前の段階（使徒座代理区）の設立から一〇〇周年という記念すべき年にあたります。これに合わせて、津和野・乙女峠の「証し人」37名の列福申請の歴史部門の調査と文書作成を担当した筒井砂氏が執筆、片岡瑠美子氏（純心聖母会の修道女）が監修をして、このたび一般の方々を対象にした単行本にまとめてくださいました。お二人のご尽力に心から感謝を申し上げます。また、出版の労を快く引き受けてくださった聖パウロ女子修道会の編集部の皆様に、厚く御礼申し上げます。

本書が、近代の日本社会に「信教の自由」という基本的人権への道を拓いた「苦しむ神のしもべ」となった人たちの証しが、教皇庁列聖省によって正式に「殉教」と認められるために、現代の人々の声望を高める貴重な助けとなりますように。そして、これらの「証し人」をカトリック教会の典礼で公式に記念する日が一日も早く訪れ、現代のさまざまな困難に直面して信仰を生きるわたしたちの中で、神への信頼が強められることを、心から願っています。

二〇二三年　二月五日　日本二十六聖人殉教者の祝日

広島教区　司教　アレキシオ　白浜 満

目次

はじめに

　真夏の昼さがり、上智大学での用事が思いのほか早くすみましたが、そのまま家に帰るには中途半端な時間でした。そこで、大学での用事とは全然関係のないことでしたが、前から頭にこびりついて離れないでいたことを片付けてしまおうと思い立ちました。北の丸公園にある国立公文書館へ行って、津和野藩の『異宗門徒人員帳』を見ておこうと思ったのです。

　『人員帳』についてはすでに、片岡弥吉先生の「異宗門徒人員帳の研究」という業績をあげることができますが、原文書を直接目にしたことはなかったのです。炎天下の靖国通りを歩きながら、津和野の「証し人」（教会から正式に殉教者と認められていない段階ですので、本書では「証し人」と呼びます）たちが、廿日市（現広島県）で津和野藩の役人に引き渡され、津和野街道を歩いて中国山脈の生山（なまやま）峠を横断し、津和野までずっと真冬の極寒のなかを歩き通した情景を思い浮かべていました。

　津和野藩の『人員帳』は他の藩のものと同様、淡々と記入されていました。翌日から自宅で、国立公文書館デジタルアーカイブによる、画像の複製を行いました。

これが、わたしたち列聖委員会の津和野の「証し人」たちの列聖申請書作成の始まりでした。それから二十数年の長きにわたって、何度も何度も会合を重ね、ようやく申請書をローマ教皇庁の列聖省に提出することができることになりました。

なお本書は、英文によるその列聖申請書の一部である歴史部門の日本語版ではないこと、加えて学術書でもないことをお断りしておきます。

なぜ、津和野だけを取り扱うのか

浦上四番崩れのなかで、明治政府は、浦上村のキリシタン三千余名の総流配を行いました。１８６８年7月20日に、まず主立った１１４名のキリシタンを萩・津和野・福山の3カ所に流し、１８７０年1月から一村総流配という処断を下したのです。

流配地は、金沢・大聖寺(だいしょうじ)・富山・名古屋・津・大和郡山・和歌山・姫路・鳥取・松江・津和野・福山・岡山・広島・山口・徳島・高松・松山・高知・鹿児島の20藩ですが、津藩は伊賀上野・伊勢二本木・大和古市(ふるいち)の3カ所に分散して収容しましたので、流配地は20藩22カ所に及ぶことになります。

この浦上キリシタン総流配の経緯を如実に記録している文書類の一つが、明治4年に作成された『異宗門徒人員帳』です。現在、12藩の『人員帳』が国立公文書館に所蔵されています。浦上のキリシタン総流配事件は、キリシタンへの処遇問題などから、やがて、政府のとった流配策そのものを残酷な措置とみなす在日外交団の抗議があり、政府は更なる外交団の介入を防ぐためにも、外務権大丞(ごんだいじょう)楠本正隆を名古屋・津・郡山・和歌山・姫路・鳥取・松江・岡山・福山・広島・津和野・山口の12藩に派遣して実態調査を行わせ、キリシタンたちの待遇を改善させました。そのときに作成されたものが、この文書です。

浦上のキリシタンたちが20藩に流されたにもかかわらず、また、広島教区に限定しても岡山藩・福山藩・広島藩・鳥取藩・松江藩・津和野藩・山口藩と7藩もあるのに、なぜ、津和野だけを取り上げるのでしょうか。

第一には、『異宗門徒人員帳』をはじめとする史料そのものに混乱が見られ、流配者の実数を把握するのさえ非常に困難なためです。流配者の実数に限らず、流配先でのキリシタンたちの生活を含め、全般的な実態を把握するのに十分な史料がそろっていないという現状です。この浦上キリシタン総流配事件は、キリシタンたちを預かった諸藩の側からみても、けっして愉快な出来事であったはずはなく、そのため事実そのものの隠蔽や関連史料の廃棄や改ざんもあったと想像されるからです。加えて、史料が残っていても、その記述に全幅の信頼をよせることができるか、という問題もあります。

その点、津和野に関しては、『人員帳』をはじめ、流された人たちの体験談がほかの藩にくらべて多少なりとも残っていることです。『高木仙右衛門の覚書』と『守山甚三郎の覚書』であり、また、岩永源次郎（後の岩永正象神父）の体験談などです。

第二には、国立公文書館所蔵の『人員帳』に記載の「証し人」（死亡者）の数から、次のようなことが分かるからです。

①預託人数に対して死亡者の占めるパーセンテージが22パーセントと、津和野藩が断然トップであること、

②「不改心」者の死亡率が94パーセントと、「改心」（キリストの教えを捨て、説諭者のすすめる神道や仏教へ転向する）者のそれをはるかに上回っていること、

③津和野藩では、「改心」者の死亡者がわずかに二人ときわめて少なく、死亡者のほとんどが「不改心」者であったこと、

④脱走者を出さなかったこと、

などです。

①と②と③からは、津和野藩での取り調べが苛酷であったこと、それが死亡者（証し人）増加に結びついたと考えられます。

預託されたキリシタンの処遇は、各藩ばらばらの対応となりました。そのなかで、神道を振興することでキリスト教にあたろうとした津和野藩での取り調べが苛酷であったことは、周知のことです。津和野藩は、山口藩・福山藩とともに第一次

流配者に続いて第二次流配者をも受け入れたのですが、これら3藩は、家族をばらばらにするわけにはいかないとの理由から、いわゆる「家族揃（ぞろい）」で受け入れることになり、こうした事情が他藩よりも相対的に多いキリシタンを預託されることになりました。これは、第二次流配時、キリシタン受け入れに伴う費用がほぼ全面的に藩持ちになったことも加わり、藩にとって大きな犠牲を強いられることになり、特に、キリシタンを預かった諸藩（20藩）のなかで唯一、十万石以下の非大藩であった、四万三千石の津和野藩の払った犠牲は大きく、これがただでさえ苛酷であった同藩のキリシタン対策を一段と苛酷なものにしたと考えられます。

その結果、津和野藩では、氷責めといって氷の張っている池に投げ込んだり、三尺牢（90センチメートル四方の狭い檻（おり））といったきわめて狭い場所にキリシタンを押し込めたり、などといった取り扱いがなされました。しかし、ここで注意しなければならないのは、死亡者の多さを拷問をはじめとする激しい迫害の結果によると、短絡的に見なしてはいけないということです。

たしかに、和歌山藩と津和野両藩では、「不改心」者の死亡率が男女ともに目立って高い。鳥取藩のように、「改心」者の死亡率の方がむしろ「不改心」者のそれを男女とも上回るところもありますが、全般的に、和歌山藩・岡山藩・津和野藩の3藩を除けば、「改心」者と「不改心」者に驚くほどの死亡率の違いは見られないのです。これらのことから、拷問などを死亡要因と見なしてはいけないとはいいながらも、津和野藩だけでは「不改心」者に対して苛酷な処遇がなされていたことは、事実のようです。

そして、名古屋藩と和歌山藩の死者は、人数の面からみれば、津和野藩の34人という死者をはるかに上回っています。前者は67人、後者は93人です。名古屋藩のそれは、長崎から大阪まで厳寒中に船で運ばれたことと名古屋に着いてからの環境の違いによるものであり、和歌山藩のそれは、キリシタンたちを馬小屋に集めて日方（現和歌山県海南市）の塩浜工事に使用したことや紀の川の水害による伝染病が流行したための死亡であり、両藩とも「改心」を迫る苛酷な拷問などによるものでないことは明らかです。

この両藩と比較しただけでも、津和野藩では、「不改心」者へのことばによる教諭に限界を感じて、キリシタンに対して苛酷な対応をしてしまったのではないでしょうか。これは、死亡者の94パーセントが「不改心」者であった事実からも証明できるでしょう。

③からは、カトリック教会の立場から書かれた代表的な著作の一つである浦川和三郎『浦上切支丹史』が、津和野藩には高木仙右衛門に代表されるもっとも信仰心にとんだ人物を流配した、と解釈しているように、津和野に流されたキリシタンたちの信仰の堅固さ、そして、④からは、流配という刑を甘んじて受け、天上の栄光の状態にある「勝利の教会」へ向かっての巡礼の旅を続けていたことを証明しています。脱走とは、囚われている、あるいは、拘束されている場所から抜け出し、逃げだすことであって、武器をとって権力と戦った島原の乱の戦死者を殉教者と認めないのと同様に、脱走は、一種の権力への抵抗であって、神から与えられた状況を受け入れない、そして一般的にいっても、規律を乱す卑怯な振る舞いである、と現代のわたしたちにも解釈できたからです。

第三には、津和野に流されたキリシタンにのみ、聖母マリアが「現れ」たことです。

1869年3月4日に30歳で死去した、ヨハネ・バプティスタ安太郎は、囚われていた三尺牢内で死去する5日前に聖母マリアのような婦人から慰めを受けました（浦川和三郎『旅の話』）。

第四には、Fama（評判）の点です。

津和野での毎年5月3日に行われる乙女峠まつりなどの顕彰運動、外国人宣教師が日本の国籍を取得して日本人になる際に「証し人」の名前（岡崎裕次郎）[1]をとったこと、そして出版物、芸術作品の多さなどです。

最後には、この列聖申請書の決まりに変化があったことです。日本の教会は「日本二十六聖人」、そして幕末に「日本二百五福者殉教者」を出し、潜伏時代の「キリシタン暦」にも記載されて、潜伏キリシタンのあいだで祝われていました。「日本二十六聖人」は、同じ日（1597年2月5日）に、同じ場所（長崎の西坂）で殉教しました。しかし、「二百五福者」は、江戸時代を通しての、異なった場所での殉教者でした。以前は、異なった場所で、しかも同じ日でない「証し人」をまとめて「二百五福者」として認められていたのですが、現行では、同じ場所での「証し人」の列福申請のみが受理されるのです。したがって、津和野の「証し人」と一

1 「裕次郎」は、津和野の「証し人」の一人「祐次郎」を崇敬してのものです。

緒に他藩、例えば、大和郡山藩や金沢藩の「証し人」を合わせての列福申請が認められないのです。

なお、本書で取り扱う問題については、政治、外交史の分野から、宗教史の分野からなど、多くの先学たちの業績があげられています。それなのに、何を今さら、と目くじらを立てられる方もおられましょう。「流配」された「証し人」たちは、キリシタン時代に伝えられたキリストの教えを弾圧下の迫害時代にも誤りなく正しく、綿々と子孫に伝え、復活の日を待ち望んでいた人たちでした。時に日本の教会の歴史は、江戸幕府の禁教令と殉教とをもって終わりを告げた、と公言してはばからない方がおられます。そうではありません。多くの試練にたえ、その信仰を現代にまで続ける人々がいたのです。このようなことを伝えたいがためにも本書を著すことを決意しました。そのために、本書にはキリシタン時代にさかのぼって述べることも欠かせず、多少煩わしさを感じさせると思われますが、その点をはじめにお断りしておきます。

潜伏時代のキリシタン

１８５８（安政５）年、日米修好通商条約が調印され、引き続きオランダ・ロシア・イギリス・フランスとも条約を結んだ（安政の５カ国条約）とき、長崎の浦上とその近郊、外海（そとめ）、五島地方に、迫害のなかでも先祖たちから教えられてきた信仰をひそかに守り、生きてきた人々がいました。いわゆる、「潜伏キリシタン」と呼ばれた人々でした。

これから本書で述べる浦上村山里は、１５８４年にキリシタン大名有馬晴信の寄進によりイエズス会のキリシタン知行地となり、１５８７年３月には、セミナリヨ（神学校）が高来（たかく）から一時的に浦上に移転してきたこともありました。同年７月、豊臣秀吉は「伴天連（ばてれん）追放令」を発してイエズス会宣教師の国外追放を命じ、知行地であった長崎と浦上、茂木の没収を命じ、それらを直轄地としました。長崎については鍋島飛騨守直茂を代官に任命し、１５９２年からは寺沢志摩守広高を長崎奉行に任じて支配させました。

この長崎市中に隣接する長崎村、浦上村山里、浦上村淵は、長崎附３カ村と称され、他の天領と異なる点が少なくありませんでした。人口は江戸時代を通じて増加傾向にありました。長崎附３カ村の庄屋は、基本的に名字・帯刀を許され、絵踏（えふみ）の実施、報告、証文の提出などは、庄屋が直接長崎奉行所に行うなど、市中に準じた支配域として位置付けられていました。

住民のほとんどがキリシタンであった浦上村山里には、各地のキリシタン武士たちが信仰を守り続けるために避難してきて農民となった場合も少なくなかったのです。彼らは武士の子孫であることを忘れず、男子は読み書き、女子は久留米絣（がすり）の織り方を子どもに伝えていました。例をあげると、浦上四番崩れのとき指導者であった高木仙右衛門は、長崎代官高木作右衛門家の一族、信仰を守るために浦上に住んで農民となった権右衛門の子孫でした。仙台藩士松尾大源、黒川市之丞、平戸藩士原田善左衛門のほか、医師片岡舜民（しゅんみん）は、筑後立花藩士片岡三兄弟の子孫です。

1644年、潜伏キリシタンたちのなかで活動していた最後の司祭マンショ小西神父が殉教し、日本の教会には指導者である神父が一人もいないという異常な宗教状態となりました。キリシタンたちは、おそらくコンフラリア（キリシタンの信徒組織）の経験を生かし、村に一人の総頭（帳方）、郷にそれぞれ触頭（水方）、各字（あざ）に聞き役をおく潜伏の組織を作りました。総頭はオラショ（祈り）を口承し、教会祝日表の書物を所持して毎年の祝日を定め、触頭は洗礼の式文を伝えて洗礼を授け、聞き役は総頭からの伝言を、信仰を守っている各戸へ伝える役割を果たしました。この潜伏組織を作った浦上村山里では、馬込郷を除く里郷、中野郷、本原郷、家野郷、平野宿で、親から子へと祈りを口承し、ひそかに信仰伝承を成し遂げたのです。

流配事件と流配地で「証し人」となったという本題に入る前に、まずは、それまでの日本キリスト教会の宣教の歴史と、1865年にプティジャン神父との出会い、それに続く「キリシタンの復活」をどのようにして実現できたのかを簡単に記してみたいと思います。

キリシタン時代のはじまり

日本国内の各地で戦国大名がはげしく戦っていたころ、イスラム教徒によってアジアとの交通をさえぎられていたヨーロッパ人は、アジアに達する新しい道を求めて海外に進出し、いわゆる、「大航海時代」を迎えました。その先頭に立ったのは、ポルトガルと、レコンキスタ（国土回復運動）によって完全に国土を回復したスペインでした。そのうち前者は、アフリカ大陸をまわってインドに達する航路を開き、中国のマカオを根拠地として明王朝との貿易に従事しました。

１５４３年、九州の種子島にポルトガル人を乗せた1隻の中国船が流れ着きました。これがヨーロッパ人の日本来航のはじめです。

ポルトガル船の渡来によって、日本はヨーロッパに結ばれ、以後、日本の歴史は、世界史的視野のなかで把握されることになりました。それと同時に日本の社会と文化とは中世から初期近代への移り変わりを経験しました。

キリシタン史は、イエズス会をはじめとするカトリック教会の諸修道会による日本宣教の歴史です。修道会による宣教といっても、大航海時代の海外宣教は、教会が独自の立場で行っていたわけではなく、そこには常にポルトガルとスペイン両カトリック王国の支援がありました。大航海時代の主役であるポルトガルとスペインは、海外進出に伴う新たな異教世界、すなわち、新たに宣教すべき地域の教会の保護者に据えられていました。教皇アレキサンデル6世のトルデシリャス条約によって「布教保護権」が与えられていたのです。両国は、これを巧みに適用し、海外に進出して版図を拡大させたのでした。もとより両国は異教世界を含む世界のすみずみまで広くにキリスト教を宣教するという、燃えるような信念に支えられており、これに歩調を合わせたのが教会の海外宣教だったのです。

ポルトガル国王ジョアン3世により、東インド、すなわち、ポルトガル領インドに派遣された聖フランシスコ・ザビエルが鹿児島に上陸したのは、ポルトガル人の種子島来航から6年後の1549年8月15日でした。ザビエルは1551年11月に日本を去りますが、この2年ほどの滞在で、鹿児島、平戸、山口に700人余りのキリシタンを残していきました。

1579年7月25日、アレッサンドロ・ヴァリニャーノが渡来してから新しい発展期を迎えます。ヴァリニャーノは、一貫した宣教方針を定め、日本におけるイエズス会の宣教事業を組織したのです。同僚たちの意見を集め、初期宣教期における実績と反省のもとに新しい基本方針を決定して宣教体制を確立し、教会の進むべき道に決断をくだしました。日本人聖職者を養成する道を開き、ヨーロッパ人の宣教師たちには日本の習俗習慣を学び、それに順応するようにと規定するなどです。

こうしたなか、1580年10月から1582年2月までの成人の改宗者は約1万人を数え、ヴァリニャーノは1582年2月の日本全体のキリシタン数を約15万人と、報告するまでに至りました。明らかに、ヴァリニャーノの改革事業の結果と見られるのです。しかし、すべてが順調にいったのではありませんでした。

キリシタン潜伏時代へ

まず1587年に、封建体制の確立をめざす豊臣秀吉が「伴天連追放令」を、そして最終的には1614年に江戸幕府が「禁教令」を発布し、全面的にキリスト教を禁止してしまったのです。

キリスト教の禁止と絡んで海外貿易も次第に制限され、1635年には日本人の海外渡航と国外にいる日本人の帰国とを全面的に禁じました。こうしたなか、九州で島原・天草の乱が起こりました。領主による重税と苛酷な取り立て、飢饉による農村の疲弊に起因する農民の一揆でしたが、一揆の指導者たちは多くがキリシタンである一揆側住人の結束を固めるため、「天童」として天草四郎時貞を一揆軍の総大将として立てました。一揆に参加したものの多くがキリシタンであったがために、幕府はこれをキリシタン一揆として禁教政策をいっそう厳しくし、1639年にはポルトガル船の来航を禁止しました。

キリスト教を根絶やしにするため、懸賞訴人の高札を掲げて密告を奨励、キリシタンの多い九州北部などで絵踏を行わせ、また、全国にわたって寺請(てらうけ)制度を設けて宗門改めを実施し、キリスト教に対して厳しい監視を続けていきました。

幕府は、徹底的にキリシタンの教えを日本の国土から抹殺しようとしました。他方、キリシタンたちはローマと結ばれた教会を忘れず、信仰を保持するためには、いかなる迫害、いかなる拷問、いかなる苦難をも甘受し、殉教を覚悟しながら、責め苦に対しては無抵抗の抵抗を続けていました。その結果、ほぼ全国で殉教の血が流されました。

潜伏キリシタンの信仰生活

　1614年に禁教令が発布され、宣教師やキリシタンたちはマカオとマニラに追放されました。そのとき、イエズス会員26名、フランシスコ会員6名、ドミニコ会員7名、アウグスチノ会員1名が国内に潜伏、残留しました。それは、50万という日本のキリシタンたちを見捨てることも、司牧者なしに放っておくこともできなかったからでした。神への信仰と愛とを死ぬまで持ち続けることこそ永遠に続く至福への道だというのが、キリシタンの価値観の一つでした。この価値観に基づいて日本のキリシタンたちに永遠の至福を得させたいという、司牧者たちの切なる愛情が国禁を犯してまで日本にとどまり、また、死を覚悟して日本に密入国させたのでした。軍隊のなかにさえ従軍司祭がおり、兵士たちの信仰を死のときまで持続させ、よい臨終を遂げさせようとしているではありませんか。また、平時であっても臨終を迎える病人がいれば、司祭は万難を排して枕元にかけつけるのではないでしょうか。ましてや迫害のときです。キリシタンたちは内心の誘惑だけでなく、外からの圧力、ひどい弾圧によって信仰の危機に常に襲われていました。このような状態でしたから、司祭もまた、死を覚悟しながら、キリシタンたちの信仰を強めるためにやってきたのです。

１６１７年のことですが、当時のイエズス会管区長で日本国内に潜伏していたマテウス・デ・コウロス神父は、フランシスコ会などから、イエズス会員は、迫害下、キリシタンである日本人を見捨て、その行為によってキリシタンたちにつまずきを与えたという非難が流布していることに心を痛めていました。そこで、いわゆる大追放令後の迫害下にもなお、イエズス会員が潜伏しながら司牧活動を積極的にしていることを、東北から南九州におよぶ全国各地の15カ国75カ所からキリシタン信徒代表者たち約７６０名が署名、証言したものを集めることにしました。それらは日本語文にポルトガル語の訳文を添えてヨーロッパに送られ、そのほとんどが現存しています。いずれにせよ、この文書によって、わたしたちは、迫害下にもかかわらず、宣教師たちは潜伏し、司牧活動に携わっていた事実を適格に知ることができるのです。

これに対し、幕府のキリシタン検索の対象が、まずこれらの司祭と、司祭をかくまっているキリシタン、すなわち、宿主に向けられました。そして処刑の方法もこれらの指導者に対しては一段と残酷な方法がとられることになります。

キリシタンたちに加えられた責め苦のうち、もっとも残酷なものは「穴吊るし」でした。「ペトロ岐部と百八十七殉教者」の列に加えられたイエズス会の司祭中浦ジュリアンも、この刑を受けました。ジュリアンは、宣教師大追放のとき、日本残留に成功した一人で、それから20年ものあいだ、口之津を拠点にして有馬領をはじめ、九州の各地方で信徒指導の活動を続けることになります。その最中にジュリアンは、加津佐でイエズス会の最終誓願を許されましたが、その誓願を立てたのは聖堂ではなく、管区長フランシスコ・パシェコ神父の宿主であった加津佐のミゲル・スケエモンの家でした。パシェコ神父は1626年6月20日、ミゲルとともに長崎で殉教し、1867年に「日本二百五福者殉教者」の列に加えられました。

いのちを奪うだけなら斬首でよかったはずです。見せしめのためなら、十字架刑だけでよかったのです。しかし、キリシタンの処刑は、殺害というより、信仰を捨てさせることにありました。殉教をすれば、キリストのために自らの血を流し、キリストに対する無上の愛を示し、その教えについての最上の証しとなるという、キリシタンたちの願望と心のよりどころを打ちひしぐことにありました。また、この残酷な処刑によってほかのキリシタンたちに恐怖心を抱かせて転ばせようとはかったのです。さらには、キリシタンは国を奪う邪教だから、どのような非道残酷な処刑も当然だという印象を一般の民衆にも植えつけようとしたのです。

幕藩体制を維持するためには政治・思想の統制と経済を維持しなければなりません。そのためにキリスト教の禁止と絡んで海外貿易もしだいに制限され、鎖国政策を強行することが必至の情勢になってきました。したがって、キリシタン統制には、思想統制と鎖国の口実をつくるという一石二鳥の狙いがあったのです。キリシタンの処刑を過酷にしたことにより、250年間、表面的には一人のキリシタンもいないと思われていました。特にキリシタンの多い九州北部などでは年中行事として絵踏(えふみ)を行わせ、キリシタン懸賞訴人の高札を全国に掲げ、全国に寺請制度を設け、すべての人々をいずれかの寺の檀家にし、その寺にそれを証明させることとする宗門改めを励行しました。キリシタンが発覚したときは連帯責任をとらせる、いわゆる五人組連座の法も行われました。海外との交易をオランダと中国に限定して入航は長崎港のみとし、船員、商人は唐人屋敷と出島に住まわせて日本人の出入りを監視しました。こうしてキリシタンを撲滅し、邪教観を徹底的にたたき込み、それによって鎖国政策を強化し、終局的には幕藩体制を維持し、幕府の支配をいっそう強固なものにするという敵本（てきほん）主義（真の目的を隠し、他に目的があるように見せかけて行動するやり方）によるのでした。

それゆえ、幕末になってアメリカの開国要求に屈服して１８５４（安政元）年、日米和親条約を結び、続いてオランダ・ロシア・イギリス・フランスとも修好通商条約を結ぶと、２００年以上も続いた鎖国体制が終わりを告げました。外国との貿易が進むにつれて国内経済の混乱をきたし、やがて幕藩体制が崩壊し、キリシタン禁制が行われがたくなったことは結果的にそれを証明したといえましょう。

これらの厳しいキリシタン禁制のなかで、生き残ったキリシタンたちは、信仰を捨てるか、地下に潜伏するか、二つに一つを選ばなければならなくなりました。棄教しても、本人はもちろんその類族も、「類族改め」制度によって毎年厳しい監視を受け続けたので、「立ち返る」、すなわち、もとの信仰（キリシタンの教え）に戻ることは事実上困難でした。

一方、キリシタンの潜伏は、共同体のなかにキリシタン以外の者が混在しない状態で、はじめて成立するものです。潜伏キリシタンたちは、共同体のなかで帳方や水方などの役職者を選び、キリシタンの教えや祈りを伝えて信仰を維持しました。しかし、禁制体制が強化され、寺請などの宗門改め制度が強制されるようになると、キリシタンたちはそれらの諸制度との妥協を余儀なくされ、仏壇、神棚を置き、死者が出ると旦那寺（自家が帰依していると装っている寺）の僧侶による葬式を行うようになりました。それでもキリシタンたちは、聖像や聖画を没収されても観音像にサンタ・マリアのイメージをもとめて祈り、人目を避けて納戸にしまい、そこでひそかに祈ってきました。幕末・明治の最後の弾圧で没収された、いわゆる「潜伏キリシタン遺物」（現在、多くは東京国立博物館やその他の博物館、資料館に保管）に、潜伏キリシタンの命がけの信仰を見ることができます。

潜伏キリシタンの事実は、２５０年におよぶ集権的封建体制による徹底した禁圧下に生じた歴史上の事実であり、世界の宗教史上の奇跡として驚嘆に値するものです。存続の理由については、

(1) 潜伏地が開教後まもなく宣教された西九州に集中していることから、すでに宣教開始以来70年余りを経過したキリシタン信仰の深化が潜伏を可能にした、

(2) 宣教にあたって適応政策をとったイエズス会の柔軟性が、迫害下にあってキリシ

タンたちの神仏的偽装を容易にした、

(3) コンフラリアという信徒組織がキリシタンの離散を防ぎ、結束させた、

(4) 幕府や藩によって強要された五人組の制度が、キリシタンの村落では逆に信仰を固める組織となったこと、

などがあげられます。

いずれにせよ、地下に潜伏したキリシタンたちは、幕藩権力と伝統的な宗教の重圧のもとに信仰を維持して250年を貫き、非合法化におかれた宗教の政治権力に対する強靭性(きょうじんせい)を実証してみせてくれた人々でした。その彼らは、具体的にどのようにして信仰を守り続けたのでしょうか。実質的にキリシタンを存続せしめた力となった「洗礼」と「ゆるしの秘跡」について、また、潜伏したキリシタンたちの精神のなかに再び構築し、励ます力となった「殉教」について述べることにいたします。

「洗礼」の伝承

キリストによって制定された七つの秘跡のうち、洗礼は、キリストにおける新しい生命への誕生を実現させる、すなわち、教会に入る門です。キリシタン時代にも、「まず位にとつては大きに、また次第においては七つのうちの一番なり」（ルイス・デ・セルケイラ『サカラメンタ提要』付録〔ローマ字日本語文〕）。「つまり、洗礼は救いを得るために必要なものですから、七つの秘跡の中でも重要な位置を占め、また、洗礼以前には司祭は他の秘跡を授けることはできませんから七つの秘跡の順序の上では一番に位置します」と教えていました。

また、「わたしはあなたを洗う」（ラテン文で、Ego te baptizo）ということばは、洗礼の有効性のために必要であること、また、このことばを無知、あるいは、忘却のために間違って発音しても洗礼は無効にならないことから、必要なときには、教会が定めた形相と教会が行うことを行う、という意向をもって、だれでも洗礼を授けることができるのです。

教会におけるこの指導は、すでにザビエルの時代から始まっています。ザビエルが鹿児島で洗礼を授けた一人にミゲルというキリシタンがいました。それから50年以上も経った1605年に、管区長の命令で鹿児島を訪れた日本人司祭のルイス・にあばら神父は、ミゲルの息子のミゲルに出会いました。そのなかで、ザビエルが父のミゲルに、「息子に洗礼の授け方を伝承するように」との教えを残していったことを知りました（ジョアン・ロドリゲス『日本教会史』）。

潜伏キリシタンの間にあって、この役目を担ったのが、「水方」と呼ばれるキリシタンでした。プティジャン神父も、信徒発見から十日ばかり経って、「訪問した人たちのなかの一人が、彼らの間で、今でも洗礼が保持されているということを教えてくれました」（『プティジャン司教書簡集』）と記しているように、キリシタン時代から連綿と洗礼が伝承されてきていたことを知ったのです。

「こんちりさん」の教え

プティジャン神父は、「信徒発見」からしばらくして、潜伏キリシタンの間に伝承されてきた『こんちりさんのりやく』（１６０３年刊？）という写本を浦上のキリシタンから寄贈されました。「窃に遺れる切支丹の子孫の中に唯此こんちりさんの略のみ誤りなく写し伝えて秘蔵せるを見出しぬ」と記し、１８６９年に『胡無知理佐无の略』と題して出版しました。

「こんちりさん」（ポルトガル語のContrição．痛悔）とは、『胡無知理佐无の略』の説明によれば、「真実の後悔なり」、「我犯せし程の罪科は皆天主を背き奉る狼藉成処を深く悔悲み其科を心の底より悪み嫌ひ我と心を苦しめ如何成事に対してもせまじかりしものをと思ひ自今以後もるたる科（大罪）を以天主を再び背き奉る事有べからずと堅く思ひ定むる事成也」、つまり、犯した罪に対して苦痛と嫌悪を感じ、再び罪を犯さない、と固く決心することです。

潜伏したキリシタンたちは幕府の宗教統制下にあって、宗門改めを受けたり、絵踏を行わなければなりませんでした。その苦しみ、悩まされ、苦渋を味わわされた２５０年間を切り抜けられた一つの要因は、この「こんちりさん」の教えが潜伏キリシタンの間に伝わっていたからです。心ならずも行った行為に罪意識を持ち、神のゆるしを求め、神との交わりを取り戻すために祈り続けたのです。そしてこの祈りこそが、彼らが幕末、宣教師に再び会ったとき教会に戻れる原動力ともなったといえるのです。

「殉教」の精神

最後の司祭マンショ小西が殉教して、わが国に司牧者がいなくなってしまったのが、１６４０年代の半ばでした。キリシタンたちの司牧にあたっていた最後の司祭の殉教によって、位階制度が崩れてしまったことからだけ見るならば、日本のキリスト教会の歴史に一つの区切りを意味しているのは確かです。しかし、完全な潜伏状態に入ってしまった日本の教会には、それから２５０年余りを経て復活できる恵みと力が与えられていたのです。

キリシタンが復活できた理由は数々あげられますが、その一つは、ザビエルの開教から30年後に巡察師として来日したアレッサンドロ・ヴァリニャーノの功績によるものです。彼は、日本の教会の進むべき道に明確な方向性を与えていました。その彼の多くの指針の根底となっていたものは、使徒たちによって指導された初代教会を模範とした教会を日本に打ち立てることでした。１５００年を経て成熟しきったヨーロッパの教会をそのまま日本に移し替えることを試みたのではなく、キリストの恵みによって神の子となったわたしたちの教会の長い歴史の礎を築いた、初代教会の信徒たちの生きざまを模範とした教会建設をめざしたのでした。初代教会の信徒の多くは、キリストにならって自分の生命までも神にささげた殉教者となったので、殉教者に対して特別な尊敬を持っていました。すなわち、彼らの犠牲を、わたしたちのための恵みの源泉とし、彼らの生涯にあらわれた信仰と愛の証しを模範とせよ、と教えたのでした。

キリスト教がはじめて日本に伝えられたのは、戦乱に明け暮れる戦国時代で、そのため、いつ、どこで変事が急に起こるかわかりません。その結果、殉教者の出ることも十分に考慮しなければならなかったのです。そこで、教会でもキリシタンたちに殉教の精神を教育する必要性を感じていました。きわめて慎重な性格の持ち主で、絶えず未来を洞察していたヴァリニャーノは、殉教を予想しただけでなく、日本において、西方教会の教父で、護教家であるテルトゥリアヌスのことば「マルチレス（殉教者たち）ノ御血ハキリシタンダデ（キリスト教徒、キリスト教界）ノ種子ノ如也」（『丸血留の道』）になることを予測していたのです。

そのために、殉教の教理を説くだけではなく、説教においても、また、聖人伝を翻訳して、殉教者の模範をキリシタンたちに示したりもしました。さらに、これだけでは飽き足らず、殉教に関する教えを印刷物を通しても広めるよう、教会に指示したのです。

1591年、島原半島の加津佐にあった高等教育機関のコレジヨ（神学校）で、天正遣欧使節が帰国の際、「ヨーロッパから持ってきた」活字印刷機で早速に印刷・出版されたのが、ローマ字本の『サントスのご作業のうち抜書』という聖人伝でした。さらに、管区長のペドロ・ゴメスは、殉教に関する著作を著し、そのなかで殉教の意味とその偉大さを説明した後、迫害に際して、どういうことが許されるか、許されないかを具体的に説明した、いわゆる、殉教の条件を提示しました。この簡潔に著された殉教に関する手引書ともいうべきパンフレットは印刷され、キリシタンたちに配布されたようです。浦上一番崩れ（1790年）で潜伏キリシタンたちから没収された写本『マルチリヨの心得』が、ゴメスの著書の写しではないかと思われています。

このような書物を通して、殉教の精神は、司牧者を失って潜伏したキリシタンたちの間に綿々と伝えられ、やがて復活する原動力を与えたのです。

キリシタン時代に、殉教のことはマルチリヨ、殉教者のことはマルチルと呼んでいました。ともにポルトガル語で、ギリシア語の「証人」を意味するμάρτυςを語源としています。十二使徒をはじめすべての信徒は、キリストとその教えのために証拠を立てなければならない、すなわち、キリストの証人とならなければなりません。キリストは、すべてのキリスト者にことばや行いなどを通してキリストの証人となる使命と責任とを課されたのです。

しかし、特別にキリストのために証しをしたのは、十字架上のキリストにならって、自分の生命までもすべてをささげた人たちのことです。こうして殉教者たちは、「マルチル」、すなわち、「キリストの証人」と呼ばれてきたのです。

さて、キリシタン時代、殉教の条件についてどのように教えたのか、先にあげた『マルチリヨの心得』からあげてみましょう。

第一には、「マルチルになるには、死ぬことが肝腎（かんじん）である」と教え、たとえ、多くの労苦を堪え忍んでも、死なないうちはマルチルではない。囚人としての難儀を堪え忍んで死んだり、そのほかどのような方法にせよ、苦難・難儀を受けたがために死んだのであれば、これはマルチルである、と。

第二には、「死を甘んじて受けること」を条件にあげています。

第三には、その処刑の原因なり動機なりが、かならず信仰、あるいは、道徳のためでなければなりません。

津和野の「証し人」は、斬首されたり、十字架刑に処せられたりはしませんでしたが、長年牢舎に投ぜられたまま最後まで信仰を捨てずに倒れたのであり、また、捕らわれて津和野に流されてきた指導者格の高木仙右衛門が、「自分たちは一揆などを起こしたことはない、満足して死を受け入れる覚悟がある」（『仙右衛門の覚書』）と明言しているように、第一、第二の条件を満たしています。そして最後の、重大な第三の条件に対しても、彼らはみなキリシタンであるがために、殉教に至ったということで、クリアしているのです。彼ら津和野の「証し人」は、キリシタン時代に教えられた殉教についての教えを誤ることなく受け継いだ、「キリストの証し人」なのです。

１５８７年に秀吉によってキリスト教の宣教が禁止されて以来、日本全国津々浦々で殉教は展開し、明治になってからの浦上キリシタンの流配でもって一応の終息を見ました。殉教こそは、キリスト教の本質的な要素であり、キリストの証聖者として一身をささげることは、キリスト教徒の最高の姿ですから、超自然的に、神の御摂理としての日本のキリシタンの歴史を理解することもできるのではないでしょうか。歴史上の問題に出会うたびに、それが神の御業であったと答えることは許されないかもしれません。しかし、浦上キリシタンの事件は、時の為政者が、公布された国法を遵守しないものを取り締まろうとしたのに対し、キリシタン側は、「自然法は実定法を超え、信仰の自由はこの自然法に基づくものである」ということばは知らなくとも、信仰を堅持し、どのような迫害にも屈せず、果敢にそれに抗した歴史であったことには間違いありません。

信徒発見から津和野への旅立ちまで

成立したばかりの維新政府は、1868年1月3日、「王政復古の大号令」を発し、「旧弊御一洗」と「御一新」とを合いことばに、旧来の制度、文物、風俗の徹底的な破壊を、つまりは、新政府は開明的で進取的な性格をもっているのだということを国の内外に宣告しながらも、ことキリシタン対策に限っては旧幕府のキリシタン禁制策を踏襲し、4月7日、従来の高札を撤去し、改めて定3札、覚2札、あわせて5高札を諸国の高札場に掲示することにしました。その第三札が、「切支丹邪宗門ノ儀ハ堅ク御制禁タリ、若不審ナル者有之ハ其筋之役所へ可申出御褒美可被下事」という旧幕府の禁令を継続したものでした。つまり、この面では旧体制を引き継ぎ、浦上キリシタンに対しては旧幕府時代にも増す積極的な弾圧策をとったのです。もっとも、キリシタン禁制の高札に対しては、新政府内部でも異論が起こったのはもとより、イギリス公使アーネスト・サトウからはキリスト教（カトリックの教え）を、evil, perniciousなどのことばを用いて、つまり、わたしたち日本人がいう「邪宗門」を意味する語句の使用についての苦言が寄せられたのです。その結果、1868年5月25日、政府はサトウの助言を取り入れ、切支丹宗門の制禁と邪宗門の禁止との2カ条に分けて提示したのですが、その日付は前記の「切支丹邪宗門」の制札と同じで、基本方針に変更はありませんでした。

政府が早急な実現をめざした近代的統一国家は、キリスト教に倫理・道徳面では基礎をおく西欧資本主義社会への同一化にほかならなかったのに、欧米諸国と向かい合って並び立つ、言い換えれば、これからは世界と対等に渡りあえる国になろうという万国対峙のかけ声のもと、こうした矛盾した政策を採用せざるをえなかったところに、当時の政府が置かれた苦境が如実に反映されていました。

維新政府は、外国政府の強い抗議と欧米世論の反発を受けながらも、かたくなまでに反動的な方法であくまでもキリシタンに対する弾圧政策を取りつづけ、約7年にわたってなんら変更を加えることはありませんでした。

そして、こうした矛盾がやがて、1868年から1873年にかけて、総勢三千数百名にも及ぶ多数のキリシタンたちが、自分たちの住む土地から離され、富山以西の諸藩（1871年の「廃藩置県」以降は諸県）に流され、改宗を迫られるという、キリシタン弾圧史上最も苛酷な処置と評される事件を引き起こすことになります。

信徒発見

17世紀以来、キリスト教の信仰をかたく禁じてきた江戸幕府の幕藩体制に大きな風穴があいたのは、１８５８年でした。この年結ばれた日米修好通商条約で、これが以後、安政の５カ国条約となって、キリスト教の種子がかすかではありますが、日本国内に蒔かれることになります。

そして、これを突破口に、翌年から、フランス・アメリカ・イギリス・オランダ・ロシアといった国からカトリック・プロテスタント・ロシア正教の宣教師たちが続々と日本にやってきます。

日本の開国が迫っていると見たローマ教皇庁はパリ外国宣教会に日本の再宣教を委ね、宣教会は那覇（なは）に会員を送って日本語を学ばせ、その時に備えていました。日仏修好通商条約が調印されるとすぐにフランス領事館付通訳兼司祭として、パリ外国宣教会プリュダンス・ジラール神父が来日しました。

しかし、この段階では、いうまでもなく宣教の対象は居留地に住む外国人であり、外国人が居留地外で宗教活動を行うことも、日本人がキリスト教に改宗することも、ともに許されていませんでした。

ただし、条約では、居留外国人に対する信仰と礼拝の自由が確認されていました。これを根拠にパリ外国宣教会は長崎の大浦居留地にフランス人のためにカトリック教会堂（天主堂）を建立することになり、その工事には建築に必要な多くの日本人職人が雇用されました。後に長崎県内外に建立される天主堂の工事にはこれらの大工棟梁（とうりょう）たちがその経験、知識をもって活躍していくことになります。天主堂は長崎の人々に「フランス寺」と呼ばれ、一般人の見物も許されていました。特に職人のなかには潜伏キリシタンがいました。天主堂内に安置される「サンタ・マリア」のご像を見ていたに違いありません。「フランス寺にはサンタ・マリア様がおられる」というひそかなささやきが浦上村にも伝わっていました。

大浦天主堂は、1865年2月19日に祝別式が行われました。その日は、六旬節の日曜日（復活祭前60日、四旬節から2週間前の日曜日）でした。それから約1カ月後の3月17日、浦上村山里に住んでいる十数人のキリシタンが見物人を装って大浦天主堂を訪れました。「うわさのようにサンタ・マリア様がおいでになるなら、フランス寺の異人さんはパーテレ（神父）様に違いない」と信じる彼らは、「殺されてもよいから、パーテレ様かどうかを確認する」との決意でやってきたのです。扉を開いたベルナール・プティジャン神父は、単なる見物人ではないと察し、祭壇前に導きました。そのなかのひとりが胸に手を当てプティジャンにささやきました、「ワタシノムネ　アナタノムネトオナジ」と。プティジャンはその意味を理解しました。プティジャンはフランス語の日記に、この「衝撃的な」ことばをローマ字日本語で記しています。

潜伏キリシタンたちが、先祖以来の信仰をパリ外国宣教会のベルナール・プティジャンに表白する「事件」、いわゆる「信徒発見」の出来事が起こったのです。

この一報をパリ外国宣教会日本教区長のプリュダンス・ジラール神父はパリ外国宣教会の神学校に伝えていますが、出会いの当事者プティジャン神父も、3月18日付の書簡で、日本語（点線部）を交えながら、次のように伝えています。

心からお喜びください。すぐ近くに昔のキリシタンの子孫が大勢いるのです。彼らは、聖なる信仰をよく記憶にとどめているようです。

わたしが実際にこの目で確かめ、また意見を述べることになった感動的な場面について、少しお話しします。

昨日の12時半頃、男女、子どもを合わせた12名ないし15名の一団が、単なる好奇心とも思われないような様子で天主堂の入り口に立っていました。天主堂の扉は閉まっていたので、わたしは急いで開けに行きました。わたしが聖所の方へ進むと、この参観者たちもついてきました。

わたしは1カ月前に初めてあなたが与えてくださり、ご聖体の形色で、愛の牢獄である聖櫃のなかに安置されている御主様の祝福を、彼らのために心から祈りました。

わたしは救い主の前にひざまずいて礼拝し、彼らの心を感動させるようなことばをわたしの唇に浮かべさせ、わたしを取り囲んでいる人々のなかから礼拝する人々を得させてくださいと願いました。

わたしがほんの少しだけ祈った後、40歳ないし50歳くらいの女性がわたしのすぐそばにきて、胸に手をあてて言いました。「ここにいるわたしたちは皆、あなたと同じ心です」。「本当ですか。しかしあなた方はどこからきたのですか」とわたしは尋ねました。「皆浦上の者です。浦上では、ほとんど皆、わたしたちと同じ心を持っています」。それからこの同じ人はすぐわたしに聞きました。

「サンタ・マリア　ご像はどこ」。

サンタ・マリアの祝別されたことばに、わたしはもう少しも疑いませんでした。わたしは確実に、日本の昔のキリシタンの子孫を目の前にしているのです。わたしはこの慰めを神に感謝しました。

この愛する人たちに取り囲まれ、せき立てられて、あなた〔ジラール神父〕がフランスから持ってきてくださった聖母の像の祭壇に、彼らを案内しました。わたしに倣って彼らも全員ひざまずき、そして祈ろうとしましたが、喜びに夢中になって、サンタ・マリアの像の前で口々に言いました。「そうだ、本当にサンタ・マリア様だ。見なさい、『御子ジェズス様を抱いていらっしゃる』」。そしてすぐに一人がわたしに言いました。「わたしたちは、御主ジェズス様のご誕生の祝いを霜月〔陰暦11月〕の25日にいたします。この日の真夜中頃、彼は馬小屋に生まれ、貧困と苦難のなかに成長されましたが、33歳のとき、わたしたちの魂の救いのために、十字架上で死去されたと聞いております。ただいまは悲しみ節（潜伏キリシタンたちが使用していた用語で、四旬節のこと）です」。

「あなた方にもこの祝日がありますか」と尋ねますので、「はい、今日は悲しみ節の17日目です」と答えました。彼らはこのことばで、四旬節のことを言いたいのだとわかりました。

フランス人神父による潜伏キリシタン「発見」のニュースは、すぐに感動をもってヨーロッパに報じられたばかりでなく、ドイツ語の宣教雑誌にも報じられ、全世界を駆け巡りました。そのあと、神父とキリシタンたちの間に交流がもたれます。以来、フランス人神父から教理上の指導を受け、秘跡を授けられるようになった潜伏キリシタンの間で信仰心が燃えあがり、その炎は、信徒集団の存在が確認された、長崎港外の島々や五島列島などにも及びました。そして信仰の高まりは、幕府の禁教政策にキリシタン側から相次いで立ち向かうこととなりました。

浦上四番崩れ

江戸時代にあっては、幕藩体制の根幹である寺請檀那(てらうけだんな)制度のもと、庶民はいずれかの寺院の檀徒とならねばならず、それに伴って、自分たちで勝手に葬儀を行う、いわゆる、自葬を行うことが禁じられていました。死者が出た場合、檀那寺の僧侶を招いて読経してもらい、その立会いのもとに納棺することが、寺請制度の大切な要素の一つだったのです。しかし、浦上であえてこの制度を無視する自葬事件が発生しました。

１８６７年4月16日、浦上村山里本原郷農民三八(さんぱち)の、母たかの仏式埋葬拒否事件をはじめとする、キリシタンの一連の自葬運動の動きを示したのです。浦上キリシタンへの弾圧は、１７９０年の「一番崩れ」、１８４２年の「二番崩れ」、１８５６年の「三番崩れ」と断続的に行われてきましたが、１８６５年浦上キリシタンは大浦天主堂でフランス人宣教師プティジャンとの出会いを実現し、ここにそれまでの表面仏教徒を装いながら、内心はキリシタンという屈従的な自分たちの従来の態度に決別して、寺請檀那制度そのものを拒否したのです。三八の事件の際、

「わたしどもはこれまで旦那寺に引導を渡すよう頼んで参りましたが、これは、後生[2]の助けには相成りません。それでこれから先は誰かが死去した場合は、わたしどもで思うとおりに葬儀を行いたく」と、一郷あげて檀那寺との関係を断つ旨を庄屋に申し入れ、連名簿を提出しました。これに驚がくした長崎代官は、4月18日長崎奉行所にこの事件を報告、20日、三八ならびに兄弟の藤十を代官所に呼び出したところ、同郷の者も総代として同伴、申し立ての筋を強硬に曲げませんでした。長崎代官らは、即日彼らの申し立ての両通と4月18日申上書を長崎奉行所に持参、ここに長崎奉行所役人の登場となるのです。

これが、浦上キリシタン流配事件の発端をなしたのです。

庄屋や旦那寺である聖徳寺に届けずにキリシタンたちのやり方で死者を葬る事件が続出し、三八の事件から6月にかけてだけでも7件を数えたといいます。

そして自葬事件をきっかけに、浦上キリシタンの存在が表面化し、長崎奉行配下の役人によって、中心的な存在であった68名が捕縛されるに至ります。

2　「後生」は仏教語ですが、キリシタンたちは「霊が救われる」ことを「後生の助け」などと言っていました。

しかし、彼らの捕縛後、長崎在留のフランス公使のレオン・ロッシュら各国領事から長崎奉行に対し、釈放が要求されます。今度は外交団が登場して、外交問題へと発展するのですが、事件は解決しないまま、幕府は崩壊し、維新政府が幕府のキリシタン禁制政策を踏襲、事件が再燃し、浦上キリシタン流配事件に発展します。

流配と流配地津和野での状況

流配事件に関しては、宗教史・政治史・外交史・政策史の観点に立って長年研究がなされてきましたが、それら研究の特徴としては、おもに次の二点があげられます。

第一は、カトリック教会を中心としたキリスト教関係者が中心になって研究が進められてきたことです。ことキリシタンに関する事件であるので、当然のことですが、カトリック教会内部の問題にこだわったものが多いのが特徴です。そして、事件を乗り切ったことで長崎におけるキリスト教信仰がいっそう盛んになったことが強調され、あわせて激しい迫害にもめげずに、キリストによる救いを説き、キリシタンたちを力づけた外国人司祭（高木源太郎ら3人の日本人司祭の誕生を見るのは、1882年になってです）と、その指導のもと信仰を命に代えても守り通したキリシタンたちの強い宗教心が顕彰される傾向が強いのです。

第二は、カトリック教会の問題ということから離れて、事件と近代日本との関わりを中心とする場合です。

しかし、どちらも、行き着くところは、信教の自由獲得です。ただ、終着点は同じであっても、使用する資料はまったく異なっています。第一のグループは、おもに教会関係のそれに頼っており、それに比べて、第二のグループには政府公刊の資料が山ほどあるのです。その結果、教会関係の資料に目を通さなくても、彼らは、流配事件そのものをまずは日本における信教自由の獲得につながった外国側の維新政府への抗議を呼び起こす契機として位置づけ、あげくには、日本における信教自由の獲得は外国側からの抗議が決定的な要因であったとすることだけに視座を合わせてしまっています。これが、現在の高等学校での日本史の教科書にも反映されて（言い換えれば、現代の日本人の多くが明治初期のキリスト教に関してはこういった考えを教え込まれているのです）、明治の初年、長崎浦上のキリスト教徒に対して迫害が加えられましたが、そのことで、かえって欧米諸国の強い抗議を招き、その結果、1873年キリスト教の禁制を掲げた高札が撤去され、キリスト教の宣教が黙認されるに至ったとの簡単な記述にすぎません。文部科学省検定済の教科書から具体的にその例をあげますと、「キリスト教に対しては、新政府は旧幕府同様の禁教政策を継承し、長崎の浦上や五島列島の隠れキリシタンが迫害を受けました。しかし、列国の強い抗議を受け、1873年、ようやくキリスト教禁止の高札が撤廃され、キリスト教は黙認された」と記されているのです。そして、この引用文には、「浦上のキリシタンは、1865年、大浦天主堂の落成を機にここを訪ねたフランス人宣教師に信仰を告白して明るみに出た。しかし、新政府は神道国教化の政策をとり、浦上の信徒を捕え、各藩に配流した（浦上教徒弾圧事件）」という脚注が施されています。

このような状況のなかで、特にキリシタンたちの生涯を知るための資料は希少です。まず、生年月日や受洗日を記した資料が見つかりません。津和野に流配されたキリシタン153人のうち、生年（だけ）の記録が見いだせたのは、わずか3人です。それも、資料からではなく、辞典などによってです。受洗日が分からないのは納得できます。そもそも正式には教会が存在していなかったのですから、洗礼台帳だって存在していませんでした。死亡年月日については確かめることができました。皮肉なことに、政府によって残された記録『異宗門徒人員帳』からです。

このように、事件についての記録では、政府側の手になったものはほとんど残っているのです。しかし、わたしたちが知りたい政府とキリシタンたちを預かった諸藩との関係、あるいは、政府内部の行政官僚と、神道家とか国学者とかいった神祇官僚との関係に関する良質の資料は少ないし、諸藩でのキリシタンの生活ぶりやキリシタンに対する諸藩の具体的な対応、例えば、どのようにキリシタンたちの改宗に対する教諭を試みたか、に関する資料なども少ないのです。

外交問題と絡んでの資料が多いのに、キリシタンに関する資料が少ないのは、キリシタンの実像に関するゆがんだ観念（「キリスト教＝邪宗門」など）が３００年近く日本人の間に植え付けられ、それが深く染み込んでいたからではないでしょうか。平凡実直で勤勉ではあるが、けっして恐れる必要のない、教養もない農民や職人であるから、改宗させることだって簡単なことだ、とキリシタンたちを侮り、無視した扱いをしていたのです。しかし、結果的には各藩の行ったキリシタンたちを改宗させる「教諭」はそれぞれに行き詰まりを感じて失敗に終わってしまった、といっても過言ではありません。山口県の場合ですが、1872年の政府官員の巡回によるキリシタンの待遇改善指令（「改心」者と「不改心」者の区別をつけないで、キリシタンを取り扱うことを命じたもの）で、「最後まで萩に残った浦上キリシタンの「改心」工作が完全に行き詰まってしまった、その結果、「不改心」者はいよいよもって誇りに思う気持ちをたくましくし、もはやことばによる教諭では改宗させられそうもなく、ことに信仰心の篤い者は、どれほど改宗を促してもけっして応じる気配がなく、まったくどうにもしようがなくなっている」と記されています（山口県文書館所蔵『異宗徒御預一件』）。

しかし、山口県を例外として、キリシタンを預かった彼らにはそのような状況を認めるだけの余裕はありませんでした。ですから、あえてそうしたものをも含むキリシタンに関する資料を抹消、あるいは、残さなかったことが、キリシタン関係資料の少なさに影響を及ぼしたのではないでしょうか。

これに加えて、史料が非常に乏しいことの一因としては、廃藩置県に伴い、繰り返し実施された行政機構再編のなかで、文書類の保存が組織的に機能していなかったことがあげられます。津和野藩は、１８７１年の廃藩置県に先立って、藩主亀井茲監（これみ）が廃藩建議書を提出し、同時に藩知事を辞職しました。その後、浜田県を経て島根県に編入された、という経緯があるのです。

浦上キリシタン流配へと維新政府首脳が本格的に動き出すのは、井上馨が長崎裁判所の処分案を持参して１８６８年５月３日、大阪に出てからのことです。処分案というのは、同年４月23日に九州鎮撫総督、翌日長崎裁判所総督の兼任を命じられた沢宣嘉（のぶよし）が井上や佐々木高行らと協議し、作成した7カ条からなる政府への伺いで、そのうちの１カ条が、キリスト教対策に関するものでした。ここでは、キリスト教を「邪教」としたうえで、「キリシタンの中心人物は厳刑に、軽罪の者は流刑そのほかに処す覚悟であるが、これは永久的な解決策とはならないであろう」と指摘されています。これより前の１８６８年４月７日に、いまだ具体的なキリシタン対策を確立していなかった政府は、とりあえず旧幕府の政策を引き継ぎ、キリスト教を厳禁することを明記した高札（五榜（ごぼう）の掲示）を全国に掲げています。

大阪入りした沢は連日のように木戸孝允と会い、４月11日に、キリシタンの指導者に説諭を加え、改宗に応じない場合は、厳刑にすべきことを上奏し（折から天皇は大阪に行幸中でした）、これが政府の議案となりました。この議案は、政府要人はもとより、諸藩主らにもくだされ、意見を提出するように命じられました。

答申は、概して政府案に同意する旨の簡単なものでしたが、ほかにも、津和野藩主亀井茲監らは、キリシタンに対する厳刑が事態の根本的な解決策とはならないとしたうえで、万国に卓越した政体を樹立し、その優位性をキリシタンによく分かるように丁寧に論理的に諭す以外に方法はない、と主張しました。

政府は、6月7日に、金沢藩以下の34藩に対して、預託キリシタン数の通知、並びにキリシタンを長崎から順を追って出発させるので、最寄りの到着所へキリシタン受け取りのための人数をさし向けること、およびキリシタンを取り扱う際の留意点が通達されます。

これによって政府は、浦上キリシタンの処分を決定したわけですが、11日に処分の大略を決定し、翌12日には中心人物の１１４名を津和野・萩・福山の３藩へ流配したのです。彼らは大波止（おおはと）から団平船（だんぺいぶね）に乗せられて沖に出、そこからは金沢藩の蒸気船で輸送されました。津和野へは28名が流配されたのでした。

ところが8月7日になって、残りの三千余人のキリシタンの流配、すなわち、

「郡山藩初三十四藩へ御預ノ儀御達」はそのままでは実施できない点が多く、政府の指示があるまで中止されることとなりました。流配が再開されたのは、1870年1月のことで、これは諸外国の抗議によるものではなく、戊辰戦争による国内の混乱のためです。

そして1869年11月になって、太政官から長崎県へ、キリシタンを各藩へ流配すること、流配後の取り扱いについて各藩へ通達した旨の通達書が送付されました。また、11月に長崎県大参事中山九郎が上京し、浦上キリシタンの状態に関する探索書を太政官へ提出しました。これらによって、残余キリシタンの流配は確実となりました。ついで、浦上キリシタン総流配を1870年1月2日に断行することに決定したことが報告されました。なお、この決定は実施直前まで諸外国に知らされることはありませんでした。

長崎では、流配を知ったキリシタンの嘆願で、流配実施が1月2日から5日に変更され、諸外国の抗議によって流配が中止されることをキリシタンが期待して、三日の猶予を願い出たものと思われます。キリシタンの期待どおり、各国領事から野村盛秀長崎県知事に、流配中止の願いが出されました。

そうこうするうちに、1869年6月にキリシタンを諸藩に流配するという計画が具体化し、7月1日に、キリシタンの諸藩への流配を実行に移すことが決定されたようです。その結果、10月には、太政官からキリシタンを預託する諸藩に対し、キリシタンを受け取るための手はずと信徒取り扱いに関する注意点が通達されます。

それは、

①第二次流配者を支配地の人民同様親切に撫育（ぶいく）し、開墾や鉱山労働などに使用すること、

②キリスト教の信仰を厳禁し、人事を尽くして教諭を加え、良民に復するようにせいぜい教化すること、

③流配者の引き取りは、11月25日以後はいつでも差し支えのないようにしておくこと、

④預託に伴う諸費は藩の費用で賄うこと、もっとも徐々にキリシタンをそれ相応の生業に就かせ、公費がかからないようにすること、

という内容のものでした。

第一次流配者の預託時に比べて、キリシタンを領内の住民から隔離するという発想

が希薄になっていること、あまりに多人数の流配となったため、政府が財政的な支援を行えず、藩に一方的な負担が求められたこと、などが特色としてあげられます。

このようにして、第二次流配者の移送が開始されたのは、１８７０年１月のことでした。そして流配されたキリシタンの総数ですが、この点については現在でも正確なところは断定し得ません。とにかく、片岡弥吉先生の論文によって３３８４名としておきます。

流配先でのキリシタンの取り扱いについては、藩によって異なるものの、総じていえば、神道への改宗を迫られ、それに至るさまざまな拷問を受け、食料は乏しく不衛生な環境のもとに置かれていたことが分かります。流配中に全体で６１３人もの死者を出したことは、多くの藩においてキリシタンたちが心身ともに非常に厳しい環境下に置かれていたことを示しているといえましょう。

ここで、津和野藩におけるキリシタンの処遇について述べます。第一次流配者につづいて第二次流配者を受け入れざるを得なかった津和野藩は、家族を引き離すわけにはいかないとの理由のもとに、他藩よりも相対的に多いキリシタンを預託されることになりました。これは藩に大きな犠牲を強いることになりました。10万石以下の小藩であった津和野藩の払った犠牲は大きく、これが、ただでさえ苛酷であったキリシタン対策を一段と苛酷なものにしたと考えられます。ただ、津和野藩では第一次流配者を預かったことでキリシタンとしての実像をかなりの程度熟知するようになっていました。キリシタンの虚像におびえることなく、また、預託によってキリスト教が領内に広まることを極度に恐れる必要もないことも理解していました。それと同時に教諭によってキリシタンを改宗させることの難しさを身をもって感じていたことも事実です。

次に、津和野藩への二度にわたる流配について具体的に述べることにします。

(1) 人数と移送の経緯について

津和野藩へは、山口藩や福山藩と同様、二度に分けて移送が行われました。「仙右衛門はじめ28人は、石州(石見国)津和野に預け置く」(『高木仙右衛門の覚書』)と申し渡され、山口藩や福山藩預けの同志を加えた合計114名は、

1868年7月20日に長崎を出発しました。大波止から蒸気船に乗せられ、途中下関で山口藩預けの66人と別れ、次いで備後の尾道で福山藩預けの20名とも別れて上陸し、仏寺に預けられました。十四、五日後に津和野藩から受け取りの役人が来ました。再び乗船して広島へ、それから陸行して中国山脈の生山峠を横断し、途中二泊して、三日目に津和野の城下に着き、城下から離れた光琳寺という廃寺に収容されました。

第二次流配者125人（ほとんどが前に流された28人の家族のものです）の流配は、1870年1月6日から翌々日にかけて行われました。まず、西役所で津和野行きを申し渡され、同所に一泊したのち、陸路時津に出て、早岐へ渡り、中里の仏寺に一泊しました。御厨に20日ほど滞在しました。そこから汽船に乗って第一次流配者と同じように尾道に寄り、そこから海路廿日市、さらに陸路津和野をめざし、津和野では光琳寺に収容されました。浦上で別れてから2年余りを経て、第一次流配者28人のうち12人に再会しました。わずか2年のうち、8人の「証し人」と8人の「改心」した棄教者を出していました。

（2）収容された施設の概要

光琳寺の本堂を牢獄にあて、四方に竹矢来（たけやらい）がめぐらしてありました。キリシタンたちが罪人であることを認めるものです。合わせて55畳（約100㎡）からなる二間に、第二次流配者が到着すると、第一次の「改心」者と別の棟に収容されていた「巨魁」（リーダー）を除いた140人ぐらいが収容された計算になるので、一畳に3人弱があてがわれていたことになります。大変な窮屈さです。敷地内に入ると「番所」があり、「改心」した者のうち不信心な者を一人、門番の役にしていました。本堂の前に「巨魁」をほかの者たちとは引き離して収容する建物がありました。便所は3カ所に設けられており、風呂場は本堂の外にありました。本堂には警護のための役人の詰所が二間、台所、そして連日改宗を迫る糾問がなされた「説得場」なるものがありました。

（3）衣食について

衣服については、第一次流配者は、夏長崎を出たときに着ていったままの薄い単衣一枚だけだったので、冬になるととても寒い思いをしました。守山甚三郎の伝えるところでは、「毎日あてがわれるちり紙一枚を、米粒で糊をこしらえて張り合わせ、昼は単衣の着物の背中にあて、夜は二人の着物を重ね、腹部と腹部を合わせたり、背中と背中を合わせて寝たりしたけれど、寒さのため寝入ることはできなかった」といいます（『守山甚三郎の覚書』）。布団もなく、むしろを一枚ずつあてがってくれるだけでした。

ちなみに、津和野の冬季の平均的な気温を月別であげておきましょう。最高気温／最低気温です。統計期間は、１９８１年から２０１０年です。

12月　10°／4°　1月　8°／2°　2月　9°／2°

これは、気象庁による現代の統計なので、流配のあった１５０年前はもっと寒かったはずです。津和野は内陸的気候とはいえ、比較的温暖といわれていますが、冬季の冷え込みは厳しいものでしたし、雪の降ることもありました。

津和野藩では当初、衣服は、見苦しい格好の者だけに与えていました。また、蚊帳は「改心」の者に限って与え、「不改心」者へは与えていなかったのですが、１８７１年の楠本正隆の巡視後、衣服は春と夏の二度に平等に与え、蚊帳も「不改心」者にも与えるよう、取り扱いに変化が見られました。

食料については、第一次流配者にはご飯はお櫃ではなく、一人分ずつの飯を盛る器である物相に入れてあてがっていました。しかも、塩と水とを少し入れてあるだけで、野菜はありません。この間、いちばんつらかったのは「一日三合」という減食であったと、仙右衛門は訴え出ています（『高木仙右衛門の覚書』）。

第二次流配者が合流すると、「改心」者には自炊を認め、食料費として金銭があてがわれていましたが、「不改心」者には、炊き出したものを与えていました。１８７１年以降は、15歳以上の男子には毎日白米5合5勺、女性と子どもには４合を与えることになりました。

とにかく、「「改心」した者にはよい待遇をし、「不改心」者には寒さと飢えで責めて、「改心」した者へのよい待遇を見せて「改心」させるためのはからい」を示したのでした（『高木仙右衛門の覚書』）。

（4）労作業について

男性にはわら仕事、女性には洗濯のほか裁縫を課しました。また、「改心」者には収容施設から出て、街中での製造品の売買を認めて金銭を得させていましたが、「不改心」者には認めていませんでした。

（5）「改心」者と「不改心」者への処遇の違い

第一に住居ですが、「改心」者には牢とされていた光琳寺を出て、後田（うしろだ）にあるもと尼寺の収容施設に移されました。11部屋もある大きな建物で、例えば、7人には9畳の部屋があてがわれました。光琳寺とは大変な差です。

次には前述したように、衣服や食料の支給に差が見られたことです。

第三には、病気になった場合の薬代ですが、当初は「不改心」者には支払わなくてもいいが、「改心」者は稼いだ金銭があるので、自分で支払うようにと取り決めてありました。

第四は、死者の埋葬です。津和野藩からは、「改心」者は本葬祭で行いますが、「不改心」者は仮葬祭と決められているとしていました。この取り扱いはいかがなものかと、楠本に伺いを立てていますが、楠本からは改善策についてはなんの返事もありませんでした。

津和野では収容中に男性22人、女性12人の、合計34人の死者を出しました。そのうち、「改心」者が2人（男女ともに1人ずつ）、「不改心」者が32人（男性21人、女性11人）でした。葬地については「鹿足郡津和野　遍証寺内　蕪坂　乙女山」と記されています（『異宗門徒人員帳』）。

（6）政府の指示について

最後に、流配された各藩でのキリシタンについての取り扱い一般については、

1867年6月7日付けの御沙汰書『郡山藩初三十四藩へ御預ノ儀御達』によって取り決められています。

前述したので、重複しますが、以下のようなものでした。

①預かったキリシタンに、元来キリスト教が国禁であることを懇切に教諭し、改心させるように努めること。もし、改宗しない場合は、やむを得ず厳刑（死刑）に処すこと。ただし、改宗の見込みの立たないものは、政府に届け出ること。

②改宗するまでは、地域住民と接触させないこと。

③キリシタンを開発地の土木・金工、あるいは、鉱山（石炭）採掘などの肉体労働に勝手に、すなわち、藩に都合のよいように好きなやり方で使用すること。

④山村に居住させること。

⑤まず3年間一人につき一人扶持を、政府から預託先の藩へ支給すること。

津和野藩もこのような政府からの指示に従ってキリシタンたちを取り扱ったのですが、この文書にはまず第一に矛盾があげられます。

①が、改宗しないものを厳刑に処すと述べながら、それに該当する者を政府に届け出ることを義務づけていることです。これによって諸藩側では、厳刑の執行を事

実上不可能にされました。津和野藩で、厳刑に処せられた者はいなかったし、また、政府に届け出た形跡もありません。②は、キリシタンを預かることで地域住民と接触が認められれば、キリスト教が領内に伝播するのではないかとの不安から取られた処置ですが、キリシタンたちが収容されていたのは、④の山村ともいえる光琳寺でしたから、この心配はありません。⑤については、3年間一人扶持を支給する条件に変えたのは、政府が財政難にあえいでいたからで、そのため③にあるように、諸藩に肉体労働へのキリシタンの動員を保証することになったと思われます。政府が財政的支援を十分に行えなかったので、それをキリシタンの労働によって補わせたということです。

最後に、当然キリシタンたちの津和野藩での生活の実態を述べなければなりません。

政府は、諸藩への預託に関して欧米諸国から強い抗議を受け、それに対してキリシタンにはけっして苛酷な措置は取らないことを固く約束させられていました。すなわち、維新政府は、1869年1月の時点で、外国官副知事の東久世通禧（みちとみ）から各国公使に対し、キリシタンへ「寛大な処置」を取ることを通知しました。また、

1870年1月には、預かったキリシタンに対して決して苛酷な処置はしないこと、家族を分散しないこと、田畑を支給することなどを諸外国に約束しました。

以上が、政府が諸藩に求めたキリシタンに対する処遇でしたが、早くも1870年の段階で、流配後のキリシタンの処遇を調査しなければならない事態が生じています。各藩バラバラの対応だったのです。そこで政府は、1871年、名古屋・津・郡山・和歌山・姫路・鳥取・福山・松江・岡山・広島・津和野・山口への巡視を楠本正隆に命じました。そのときの報告書が『十二県御預異宗徒巡視概略』です。

津和野藩では、政府が諸藩に実施を求めた田畑の支給や生業への従事も行われず、キリシタンに飯米・衣服・野菜代を支給し、わらじやむしろを作らせては賃銭を与える方途を選んでいたようです。そのため、流配地でのキリシタンの生活の自立は達成できなかったし、家族全員がそろって一つの流配地への流配が決められていたのに、津和野藩の場合、家族そろっての流配が8家族、不ぞろいが34家族でした。また、家族の同居もあまり考慮されていませんでした。

調査に来た楠本に対し、住居、労作業、衣服、食料の支給などについての津和野藩の返答は先に述べましたが、津和野藩独自のものをあげておきます。キリシタンたちに改心を強要する教諭のことです。「教諭のことは別冊の『説得大旨』にあるとおり、神道の神典をもって教諭しているので、なんの不都合もないが、かくなる上はいっそう恩義を示して機会あるごとに考えられる限りの方法を試みて改心の実際の効力をあげるよう励むつもりである」と、教諭の事情を述べました。『説得大旨』とは、キリシタンたちに聴かせるべく神道の大綱を述べ、同時に毎朝唱えるべき祝詞（のりと）、祖先を崇拝すべく祝詞、本葬の際に唱えるべく祝詞があげられています。

流配されたキリシタンが拷問をはじめとする激しい弾圧を受け、それが、おびただしい数の犠牲者を出すことにつながったことは事実です。津和野藩では、食糧不足による飢餓に悩まされたうえに、寒中にキリシタンをさらす寒ざらしや氷の張った池に入れるなどの拷問を加えたり、三尺牢といったきわめて狭い場所に閉じ込めたりしました。その苛酷な拷問がキリシタンの死亡者の増大につながったと見ることが一般的なことのようです。

この節を閉じるにあたり、実際に津和野での流配生活を体験した一人のカテキスタ（宣教地や洗礼をまだ受けていない人々、またはキリスト教から離れた人々にカトリックの教理を教える人々のこと）の二十数年後の津和野訪問を紹介しておきます（A. Villion, *Cinquante ans d'Apostolat au Japon*, Hongkong, 1923）。

幼くして〔津和野に〕流されていたキリスト教徒たちの一人であるヨハンナ岩永は、当時、広島でカテキスタとして働いていました。ヨハンナにとってこの旅は、神の恵みの巡礼であると同時に、父の墓前で祈り、子としての責務を果たすものでもありました。ヨハンナは最初の日に町から出て、近くの丘の峡谷にわたしたちを連れていきました。険しい細い道を通ると丘の中腹で平坦になり、そこの畑の中央に墓石、細長く頭の丸い石碑がいくつか建っていました。これは仏僧の墓所でした。１８６９年にキリストへの信仰を告白した者たちの牢獄としてあった光琳寺の建物のうちで残されたものはこれだけでした。それほどまでに変わっていたので、最初はその跡を見分けるのはほとんど無理のようでしたが、ヨハンナが突然畑の隅を示しながら、「あっ」と叫んで、「ここです。ここです。ここが寺の倉のあったところです。せいぜい六畳ほどの広さで、そこにわたしたち35人が押し込められていました。父が亡くなったのもここです」と言いました。

ヨハンナは草の上に身をかがめ、涙があふれ出ていました。……数歩離れた田んぼの外れに小さな水溜りがあり、池の跡をとどめていました。それは、わたしたちが「聖人」と呼ぶドミニコ深堀仙右衛門[3]が1870年2月のひどく寒い夜に氷のなかに沈められたという池でした。……光琳寺からヨハンナはわたしたちを蕪坂の谷へ導きました。そこは牢で亡くなったほとんどのキリシタンが埋葬された場所でした。

エメ・ヴィリオン神父に同行したカテキスタの岩永ヨハンナは誰だったのでしょうか。岩永という名字で、幼かった女児がいた家族を津和野藩の『異宗門徒人員帳』から探してみますと、「岩永源八」が見つかりました。彼には「たい」（1871年当時34歳）と「せき」（1871年当時11歳）という娘がいました。また、「岩

3　この人名については、おそらく、ヴィリオン神父、あるいは、ヨハンナの記憶違いでしょう。というのは、津和野藩の『人員帳』に「仙右衛門」の名前を「高木仙右衛門」以外に見いだすことができず、また、全国に流配された人名を苗字とともに載せているカトリック浦上教会の『信仰の礎』にも「深堀仙右衛門」なる氏名を見いだすことができなかったからです。高木仙右衛門が氷責めに遭ったのは確かです。

永又市」にも「とね」（1871年当時26歳）と「すゑ」（1871年当時24歳）がいます。年齢を考えますと、岩永せきがもっとも該当するように思われますが、どちらの家族にも父親以外の「証し人」が出ているのに、それには触れていません。家族からほかにも「証し人」を出しているなら、当然触れられるべきです。結論を出すのはやめておきますが、「岩永セキ」（名前の表記は『信仰の礎』によった）なる女性が、流配60年を記念して刊行されたカトリック浦上教会の『信仰の礎』（1930年）中の集合写真におさまっていることを伝えておきます。

（7）流配中、励ましを受け希望を抱く

流配中のキリシタンたちが受けた励ましはそれをもとにいつかは信教の自由を得て、故郷浦上に帰れると希望を抱くことができたことです。

キリシタンたちに励ましを与えたものは、プティジャン司教（1866年に司教に叙階）の司教司牧書簡二通です。特に二通目の書簡には教皇ピウス9世の書簡が同封されているのです。

浦上のキリシタンたちが各地に流されていたころ、プティジャン司教は第一バチカン公会議に出席するためローマに滞在中でした。１８７０年12月に日本に戻り、翌年2月5日に日本二十六聖人の祝日を祝い、「御主の教えのために囚われてしまったキリシタンたち全員へ」と、キリシタンたちに宛てた慰めと激励の書簡を各地に流配されたキリシタンたちに配布したのです。

プティジャンは、１８７１年1月（明治3年12月）、一通目でまず、「ローマで教皇様のおそばにわたしが滞在している間、昨年の12月ころにあなたがたが遭遇した事件のことを耳にし、心から悲しんでおります」と、心中を吐露します。次いで、苦難に直面しているキリシタンへの同情を語り、キリストの弟子として「十字架の道に従ってこの世の苦難を乗り越え、堪え忍ぶように」と求めます。さらには、ローマにおられる教皇も、日本のキリシタンたちのことを心から案じておられ、いつも怠ることなく祈っておられることを告げて励まし、最後にキリシタン全員に司教の祝福を与えています。

プティジャンは、１８７１年6月18日、横浜の聖心聖堂で教皇ピウス9世の在位

25周年の銀祝式典を挙行し、在日宣教師とキリシタンたちの名において祝辞をローマに送りました。それに対する教皇の返書が9月28日付けで日本教会に送られてきました。プティジャンは、それに前文を付して日本語に訳し、翌年2月、「キリシタンたちへ」と記して流配中のキリシタンたちに宛てひそかに配布し、教皇の気持ちを伝えたのでした。その配布文書が第二の書簡です。

「日本司教（プティジャン）から愛する子どもであるキリシタンたちへ添え状をもって挨拶申し上げます」で始まる、在日宣教師とキリシタンの名において送付した前文の最初の部分は、全国各地に流されたキリシタンたちに、教皇の銀祝と祝辞を送付したことを知らせるとともに、教皇がご慈悲をもって日本からの祝賀に答えられたこと、そしてそれを、「教皇より日本司教、神父ならびにキリシタンたちに返書を送ります」で始まる日本語に訳して配布することを告げています。

前年にキリシタンたちを激励するために送付した書簡は、日本語に訳す人が見つからずに送付するのが遅れてしまったとあるとおり、できあがった訳文も稚拙であるうえに平仮名が多かったのに対して、このたびの本書簡は洗練された訳文となっていて、漢字の使用が増えています。しかもこの書簡からは、かつてのキリシタン時代の文書や著作を読んでいるような感じさえ受けます。流されたキリシタンたちが全員復活して以来、教会から十分な教えを伝えられることなく、そのまま流されてしまっていたことを考えれば、キリシタンたちにもなじみの深い文調を用いるのは当然のことです。こうしたキリシタン伝統の用語を巧みに使用して、教皇のキリシタンたちへの苦難に対する同情の意を伝え、キリシタンたちが御主(おんあるじ)の名により苦難を受けていることに対しては、天国で格別な喜びが与えられるであろうと彼らを慰め、励ましているのです。

また、キリシタンたちの先祖が司祭を欠きながらも、長い世代にわたって聖なる信仰を失わなかったことに驚嘆の意を表し、加えて宣教師からの司牧がなかったにもかかわらず、苦難と迫害に勇敢に立ち向かったことを称賛しています。天国で彼らを待っている永遠の幸せに希望をおき、最後には教会が現在の試練を得て勝利を得るのだ、ということを確信するようにと諭(さと)しています。教皇は結びに、祈りと父としての愛がキリシタンたちに必ず与えられることを約束しています。

37人 各自の死のいきさつ

政府側の残してくれた史料のうち、流配キリシタンを知るうえでもっとも信憑性が高いのは、諸藩に預けられたキリシタンの名簿である『異宗門徒人員帳』です。

この史料全体（流配先の20藩から提出されましたが、現在残っているのは、このうちの12藩のものだけです）からは、こと死亡要因に関しては、次のようなことがいえます。まず壮年者に死亡者が多く、また、明治3年に死亡者が集中しています。そして何よりの特徴は、「改心」者に比べて「不改心」者の死亡者数が圧倒的に多いのです。このことをもって、キリシタンへの「苛酷な拷問」が死亡者の増大につながったとするのも決して考えられないことではないでしょう。ちなみに調査の行われたのは、1871年です。結局、1870年に死亡者が集中しているのは、流配に伴う長い船旅と環境の変化によるものでしょう。

まず、年度別死亡者数の問題ですが、死亡者が1870年以降に集中するのは当然のことです。1868年の第一次流配で山口・津和野・福山の3藩に預託されたキリシタンの中心人物はわずか114名であり、第二次流配者が諸藩に預託されたのは1870年1月以降のことであったからです。また、1872年には改心者の帰郷が始まっています。

次に、現在の厚生労働省の提言『健康日本21』の資料では、幼年期0～4歳、少年期5～14歳、青年期15～24歳、壮年期25～44歳、中年期45～64歳、高年期65歳以上という区分をしていますが、時代は幕末・明治期のことであるので、40歳以上を高齢者、10～39歳を壮年者、9歳以下を乳幼児・小児として分けた場合のことであって、和歌山、岡山、津和野の3藩で壮年者のうちに多くの死亡者が出たことがわかります。津和野藩の場合は、同藩出身の福羽美静（ふくばびせい）が神祇官の実権を握り、キリシタンの改宗に熱心であったことなどからくる、藩をあげての教諭体制の苛酷さによる可能性が否定できません。一般的にいって、拷問を中心とする激しい弾圧が乳幼児と小児や高齢者に対して加えられることは少ない。つまり、津和野藩では氷責めや三尺牢への投獄などの拷問を含む迫害が、壮年者に向けてより厳しくなされていたのです。これは、不改心者の死亡率が改心者のそれよりも上まわっていたことでもいえます。津和野藩の場合は、総預託人156人（男性82人、女性74人）から34人（男性22人、女性12人）の改心者を出しましたが、改心者からの死亡者は2人、不改心者からは32人でした。不改心者に対して激しい弾圧が加えられ、それが死亡者数の増大につながったのです。いずれにしても、「教諭も次第に厳しくなったので、改心する者が出たりしました」（『守山甚三郎の覚書』）という証言があるように、津和野藩の教諭に伴う拷問は諸藩のなかでも群を抜いていたのは確かです。そのことを証明するものをもう一つあげておきます。「石見と長門――これら両国ではキリシタンがもっとも厳しい扱いを受けたことは確かである」と、フランシスク・マルナスが述べているように、山口藩と津和野藩に関しては、キリシタンたちが預託された諸藩のなかで、もっとも取り扱いのひどかった藩との芳しからぬ評判があります。マルナスは、パリのパリ外国宣教会本部などに送られてきた書簡などをもとにまとめているのですから、信頼できるものです。

「証し人」たちの横顔

以下、死亡年月日順に掲げる「証し人」37名は、①『異宗門徒人員帳　津和野藩』から死亡が確認される34人、②守山甚三郎が牢内で記した33人から①の記録以後に死亡した二人、③蕪坂の「殉教者名碑」に記されている一人です。

なお、人名については、①には名前だけ、②には名前と洗礼名だけが記されているにすぎません。それは、1875年2月13日の「平民苗字必称義務令」によって国民はみな公的に名字を持つようになるまで、平民は名字を持っていなかったのです。ここでは、流配60年を記念して刊行された『信仰の礎』中の「流配信徒総人名控」によって判明した名字を記しておきました。

(1)アントニオ・マリア深堀和三郎[4]

津和野での最初の殉教者です。

和三郎は、大橋出身で、辰十としも[5]の長男です。指導者層の一人であったので、自葬事件の直後から、彼の名前は現れます。第一次流配で津和野に流され、厳しい取り調べを受けましたが、改心しないので、三尺牢に20日間余り入れられ、ついに

4　名前の上にかっこで囲った数字は、本節で37人の「証し人」につけたものです。

5　『人員帳』には「居所不知」と記されております。しかし、鳥取藩のそれには、「十二月御渡しに相成肥前国平戸より備前国鞆江渡之舟中二而死」とあります。キリシタン信仰のゆえに、備後国流配中の船中で死去したのであれば、しかも「証し人」に含まれることになります。

病気になってしまいました。死期を悟った和三郎は、主の受難の日である金曜日になると「今日もまだデウス様は呼び取ってくださらないのでしょうか」とか、あるいは、ひそかに見舞った仙右衛門に「悪魔がわたしの前に出てきました。いよいよ最後と思って誘いにきたのです」と訴え、仙右衛門から「イエズス様のご苦難を思いなさい」と慰めを受けたといいます。まもなく、1868年11月22日に26歳で死去しました。キリシタン時代から、キリシタンに死の危険が迫っているとき、よき死の準備をさせ、特別な恵みを与えるために、十分な教えをしていました。そうした教えのなかに、信仰上の誘惑（悪魔）と戦っている病者に対する勧めも含まれています。臨終を迎える和三郎のことばからは、250年の迫害時代を通して教え、受け継がれていたことがうかがえます。死骸を葬ることができなかったので、守山国太郎が三尺牢に収めたといいます。

なお、和三郎の遺骨を高木仙右衛門が故郷に持ち帰ったという記述と、繰り返しになりますが、和三郎のキリシタンの信仰を最後まで貫いた死に様についての記述を、マルナス自身の記述によって補っておきます。

和三郎は病気となり、牢の苦しみのために重くなるばかりでした。彼は20日間死なないために必要なだけの食物しか与えられませんでした。彼は自分の最期が近づくのを知り、この世を去る準備をしました。彼は、主の御受難の日の金曜日が過ぎてゆくのに、神が自分を御元に呼んで下さらないのを毎日悲しんでいました。彼が息をひきとる時に、彼は泣きながら仙右衛門に、自分の前に悪魔がいる、自分の最期の時が来たので自分を試しにきたのだ、と言いました。仙右衛門は救い主の苦しみを考えろと励ましながら彼を慰めました。和三郎は流刑の仲間はすべて迫害によって死ぬのだと信じ込んでおり、彼らと処刑の光栄をともにできないのを残念がっていました。彼らに言いました。「わたしはあなたたちといっしょに自分を神にささげたいので、わたしの遺骨を長崎でも、その他の場所でもよいからあなたたちの死ぬところにどうぞ持っていってください、わたしはいつもあなたたちといっしょにいたいのです」。牢役人は、彼の墓の上に柱をたて、それに彼の名、年齢、彼の国を書くのを許しました。牢獄が開かれた時に、仙右衛門はこのしるしのおかげで和三郎の遺骨を持ち帰ることができました。

(2)ヨハネ・バプティスタ榊[6]安太郎

和三郎(1)の死からまもない1869年3月4日、今度は阿蘇出身のヨハネ・バプティスタ安太郎が最期を遂げました。享年30でした。弟の権四郎も流されましたが、権四郎がどの藩に送られたかは分かっていません。安太郎はたいそう信仰の堅い、徳の高い人で、牢にあっても、人の嫌う仕事は自分で引き受け、自分の食は減らして人に食べさせ、また、サンタ・マリアへの信心の強い人物でした(『守山甚三郎の覚書』)。

安太郎は、和三郎の死後、同じ三尺牢に入れられました。時は冬のまっただ中で、役人は雪の降りしきる庭に一枚のむしろを敷き、病気のために弱りきっている

6　安太郎については、浦上教会出版の『信仰の礎』によってこれまで姓を「森」とするのが一般的でありましたが、カトリック広島司教区列聖委員会歴史部会委員の一人山根敏身神父の調査の結果、安太郎の子孫の一人野口重次氏(名古屋に流配された京松のひ孫)と面談の上などから、「榊」とすることが正しいと判断し、「榊」とすることにしました。

安太郎を引いてきては、棄教を迫るのでしたが、いくら説得しても安太郎は改心を拒否しました。そうこうするうちに下痢になり、やせて骨と皮のみとなりました。仙右衛門が見舞って、「最期の間際にただ一人で寂しいでしょう」と慰めると、安太郎は、「いいえ、少しも寂しくありません。毎晩、四つ時（午後10時頃）から夜明けまで、きれいな十七、八歳くらいのちょうどサンタ・マリア様の御絵に見るような婦人が、頭の上に現れてくださいます。きっとサンタ・マリア様であろうとわたしは信じています。そして優しい女の人の声で、非常によい勧めをして慰めてくださるのです。でも、このことはわたしの生きているあいだは誰にも話してくださらないように」（『高木仙右衛門の覚書』）と、答えたといいます。また、何か言い残しておきたいことは、との問いに「母にただ一言、わたしは十字架上でご死去なさったイエズス様と一つに死にます。畳の上で死んでも、イエズス様の十字架とは離れていません。ただこれだけを言ってください」と、答えました。婦人の出現について、安太郎は仙右衛門に伝えたらしく、仙右衛門自身、「わたしが夜分、窓の障子に光と影が映ったのを見たことと話があいます」と証言しています。

安太郎についても、マルナスの記述をあげておきます。

津和野の牢で死んだキリシタンのなかに城の越のヨハネ・バプティスタ安太郎がいました。彼は棄教させようと夢中になっている牢番の極めて過酷な執念に耐えなければなりませんでした。彼はすでに病気で苦しんでいたのに、牢番は彼の辛抱をくじくためにあらゆる手を用いました。特に彼は連続三晩の間絶え間なく尋問を受けました。彼は地面の上に敷いてある古いござの上に座り、わずかばかりの着物を着、冬で雪が降っているなかで寒さに震えながら、番人のへ理屈に答えなければなりませんでした。役人はこの間に、きびしい寒さに耐えるために順番に席をたって温かい食物をとるのでした。安太郎は、恩恵に支えられて彼の答えを変えませんでした。役人は彼の粘り強さを打ち負かすのをあきらめて、彼一人だけを番人小屋の隣の牢に閉じ込めました。ドミニコ仙右衛門は彼とたった一枚の仕切りで隔てられているだけなので、二人の囚人は語り合うことができました。安太郎は下痢のために疲れ果て、立っていることもできなくなり、瀕死の状態となりました。仙右衛門は番人の目をごまかして臨終の床の病人のもとに忍び込みました。彼が、安太郎が絶望の状態にいるのを哀れに思ったときに、安太郎は次のように答えました。「わたしをかわいそうだと思わないでください。3日前に、わたしの前にすばらしく美しい婦人が現れ、それと同時にわたしのそばで二つの声がわたしにすばらしいことを言いました。わたしは見まわしましたが、見えませんでした。しかし声は聞こえました」。仙右衛門が、彼の最後のことばを彼の身内や友人に伝えようと言うと、彼は十字架上で息絶えたイエス・キリストといっしょになると母にだけ伝えてくださいと言いました。仙右衛門のことばによると、この考えが彼を最後の瞬間まで慰めていたのです。彼の苦しみは5日間続きました。

(3)ヨハネ・ヨセフ岩永清四郎

本原郷山中の人。1867年7月の浦上四番崩れのとき、捕らえられて小島や桜町の牢で、苛酷な拷問を受け、回復しないままのからだで津和野へ送られました。そして赤痢にかかり、加えて飢餓と寒さ、三尺牢、最後は氷責めの残虐な拷問によって、心身ともに衰弱の極に達し、1869年3月30日に死去。53歳でした。

清四郎の最期も、仙右衛門が中心になって励ましています。死の前夜は一同が枕元に集まって彼のために祈りました。彼もともに祈り、一同に向かい、「わたしはやがて天国へ行きます。行ったらデウスに祈って、11人は11人とも一人残らずデウスのおそばに引き取っていただくから、それを頼りに辛抱しなさいよ」と皆を励ましたといいます。

流配当時、清四郎の妻はすでに死亡しており、母みつ（年齢不詳）と娘はつ（26歳）およびその連れ子は『人員帳』では「居所不知」、すなわち、どこの藩に流されたのかわからず、長男光蔵（14歳）と娘つる（24歳）は第二次移送で「長州行」、すなわち、萩に流されていました。家族6人が3カ所以上に流されていた、一家離散のはなはだしい一例です。なお、不撓不屈の信仰を堅持していた父清四郎の血を受け、萩でのつるの抵抗とその受けた寒さらしの拷問は、萩流罪300名のうちでも指折り4人のうちに数えられるほどでした。つるは帰郷後、岩永マキ（岡山藩に流配）の同志として十字会（現在の「お告げのマリア修道会」）に入り、孤児養育に生涯をささげました。

清四郎についても、マルナスの記述をあげておきます。

ヨハネ・ヨセフ清四郎も津和野で神聖な死を遂げました。1867年に彼は長崎の牢できついむちの刑を受けました。この拷問のために、仲間の大部分と同じように心がくじけましたが、彼らと同じくすぐに真剣かつ勇敢に信心もどしをして立ち直りました。1868年に政府は、彼を浦上キリシタンの主たる幹部の一人と見て津和野に送りました。その時、彼はまだ拷問の後遺症が治っていませんでした。新しい窮乏生活が彼の力の根源となりました。腸の病気で彼は特に苦しみました。仙右衛門は彼のうめき声を聞き、ひそかに行って彼に辛抱するよう勧めました。清四郎は彼に「苦しいので叫び声をだしますが、わたしはそれでも喜んでわたしの命を神にささげます」と言いました。彼はだんだんと自分を抑えるようになり、一言の嘆きも彼の口から出ませんでした。これらの愚直な者の、いわゆる迷信を打ち負かすために江戸から派遣された役人の前に全囚人が呼び出されました。その時、清四郎は病気のために仲間とともに自分の信仰を告白できないのを残念に思いました。しかし、彼は一同が信仰を固く守り通したことを知って大いに喜びました。彼が死ぬ前夜、仙右衛門と仲間はひそかに彼のそばに集まりました。彼は彼らとともに祈りを唱え、次のように言いました。「やがてわたしが天に行ったら、神にお願いして、わたしたちが今ここに集まっているように、あなたがた全部を神のそばに集めていただくつもりです。わたしの子どもたちに神の掟をよく守るよう勧めてください」。

(4)ミカエル藤田清次郎

清次郎は、羽右衛門の養子で名古屋藩に流されていた清蔵の長男で、1870年2月23日に3歳で死去。この家族は、6人が3カ所に流され、しかも津和野に流された4人のうち清次郎とわひ（11、羽右衛門の妻）二人が殉教するという「離散家族」の痛ましい例です。

(5)イグナティウス松岡孫四郎

浦上本原郷字一本木の出身。1870年4月12日死去。享年71。彼は、『人員

帳』に「家族不承知」（家族についてはその事情を承知していない）と記されており、単身津和野藩に流配されていました、孤独な老人でした。

(6)パウロ深堀忠四郎

第一次流配で津和野に流され、1870年5月1日死去。享年62。彼の家族からは、第二次流配で津和野に流されてきた長男忠蔵の妻しも（20）と彼らの長男八十助（16）が「証し人」になっています。

(7)マリナ片岡さめ

本原郷字辻出身の片岡家では、世帯主の清四郎（山口藩に流配）を除く6人が津和野に流されてきていました。さめは清四郎の母で、1870年5月24日（明治3年4月24日）死去。享年75。この家族は、長男三八（22）と三右衛門（10）を加え、6人のうち3人をわずか半年のうちに失っています。

(8)ドミニコ岩永甚三郎

平出身の源八(23)の長男。父に先立つこと半年前の1870年5月25日死去。享年27。

(9)ドミニコ岩永吉三郎

平出身の源八(23)の次男。甚三郎(8)の弟。1870年6月18日死去。享年26。

(10)パウロ片岡三右衛門

三右衛門は清四郎(山口藩に流配)の三男で、1870年7月13日死去。享年7。この家族からは、祖母さめ(7)と兄三八(22)が「証し人」となっています。

⑾サビナ藤田わひ

わひは、宇川上(こうかみ)出身で、山口藩に流されていた亀次郎の長男羽右衛門の妻で、１８７０年8月2日に51歳で死去。

⑿カタリナ中島その

字馬場出身の亀吉（山口藩へ流配）の母。１８７０年8月6日（明治3年7月10日）死去。享年57。

⒀カタリナ深堀なか

字大橋の深堀市三郎の妹さい（⒅）の連れ子で、１８７０年8月9日、享年12で亡くなりました。

(14)ヨハネ・バプティスタ守山甚吉

字中野の国太郎（26）の三男。甚三郎の弟で祐次郎（29）の兄。１８７０年8月11日死去。享年18。

(15)ペトロ中島駒吉

字馬場出身の亀吉（山口藩へ流配）の弟。１８７０年8月17日死去。享年18。

(16)深堀八十助

字小路の深堀忠四郎（6）の長男忠蔵の息子。１８７０年6月4日に生まれ、8月18日死去。[7]

(17)ドミニコ片岡兵助

１８７０年８月25日死去。享年39。[8] 息子二人と娘一人があったがどこに流されたのかはわからず、彼一人のみが津和野に流されてきていました。

(18)カタリナ深堀さい

字大橋出身の市三郎の妹で、きり（30）の姉。１８７０年９月２日、享年52で死去。

(19)カタリナ深堀とめ

字横田出身の松五郎（32）の妻。１８７０年９月６日（明治３年８月11日）死

7　誕生からわずか2か月後に死亡したためか、守山『覚書』には記載されていません。
8　守山『覚書』には記載がありません。

去。享年59。

(20)リナ深堀しも

字小路の忠四郎（6）の長男忠蔵の妻で、長男八十助（16）の母。1870年9月30日（明治3年9月6日）死去。享年23。息子の死後、2カ月も経たないうちに死去しています。

(21)ロレンソ平井正太郎

字原ノ田出身の藤吉（山口藩へ流配）の息子で、いわゆる離散家族の一員です。母しなとともに流され、しなは津和野で「改心」してしまいました。1870年10月11日死去。享年8。[9] 死亡時に8歳という年齢と母親の「改心」とを考慮するなら、母親にしたがっての「改心」とも考えられ、また、カトリック教会から長きにわたって顕彰されてきたことでもあるので、「証し人」の名簿に加えることにしました。

(22)パウロ片岡三八

三八は清四郎（山口藩に流配）の長男で、1870年10月21日死去。享年14。彼よりおよそ5カ月前に祖母のさめ（7）が、また、3カ月前に弟の三右衛門（10）が死去しています。

(23)ヨハネ岩永源八

四番崩れで捕らえられて責め苦に遭い、第一次流配で津和野に流されました。津和野では、長男甚三郎（8）と次男吉三郎（9）に先立たれ、源八自身も1870年11月1日に死去しました。享年56。残った家族のうち三男岩吉（15歳）と娘のせき（11歳）は父および二人の兄の死を迎えても信仰を捨てることはありませんでした。

9　守山『覚書』には記載がありません。

(24)ドミニコ岩永又市

浦上村山里本原郷字平（ひら）の「なわこもや」で知られた豪農パウロ徳右衛門の四男。信徒発見当時、浦上で、１８５６（安政３）年に発生した浦上三番崩れでただ一人生存していた水方（洗礼を授ける役目を果たす）でした。出自といい、役目柄かキリシタンの指導的立場にある者と見なされていました。そのためか、浦上四番崩れの際の検挙で、高木仙右衛門は次男の源太郎とともに、捕縛されて引っ立てられる途中で、「平の又市の家はどこか」と聞かれたといいます。仙右衛門父子は知らないと答えましたが、又市は捕らえられ、責め苦に遭います。第一次流配で流され、のちに、第二次流配で流されてきた妻すぎ[10]（25）、次男友吉、三男三次郎、娘のとね、すゑ、もり（35）、長男の市松の娘で孫にあたるむらと合流しました。長男の市松は山口藩に流されていました。１８７０年11月9日（明治3年10月16日）[11]帰天しました。享年47。岩永信平神父（信徒発見当時は又右衛門と名乗り、また、『人員帳』には三次郎と記録されています。１８８７年2月13日司祭叙階、１９２０年6月17日帰天）の父です。

(25)カタリナ岩永すぎ

又市（24）の妻。夫の死から、1カ月も経たない1870年12月2日（明治3年閏10月10日）死去。享年45。

(26)ヨハネ・バプティスタ守山国太郎

字中野の世帯主。津和野についての貴重な資料『覚書』を残した甚三郎、「証し人」である甚吉（14）や祐次郎（29）の父。第一次流配で津和野に流され、津和野

10 『異宗門徒人員帳』には、夫又市に続いて「すき」と清音で記されています。当時は、平仮名に濁音を付さず、清音で表記していたのが一般的です。ただ、「『守山甚三郎の覚書』」には「すぎ」と濁音で、また、このナワコモ屋出身の清水佐太郎神父が著した『ナワコモ屋徳右衛門とその子孫たち』所収の「系図」には「すぎ」とあるので、これに従いました。

11 守山『覚書』には「同付（月）15日」とあり、一日のずれが生じます。

に囚われている間に氷の張った池に入れられる責め苦を受けました。１８７０年12月10日（明治３年閏10月18日）死去。享年66。

(27)マグダレナ松尾こま

字上土井出身岩吉の妻。１８７１年１月１日（明治３年11月11日）死去。享年49。こまの死から10日後には長男兼吉の娘さの（28）が死去しています。

(28)サビナ松尾さの

字上土井出身岩吉の長男兼吉の娘。１８７１年１月11日（明治３年11月21日）死去。享年３。なお、岩吉の家族は９人全員がそろって、すなわち、「家族揃」で津和野藩に流されていましたが、藩の取り調べで家族のなかで、「改心」組と「不改心」組とに分かれてしまいました。長男兼吉の娘さのは、母親のやなが「改心」したのに伴っての「改心」とも考えられる例です。なにしろ死亡時の年齢が数えで３

歳なので、本人が役人の取り調べに対してみずからの意志で返事をしたとは考えられません。母親が、「改心」の意志を表示する際に、娘も同じ気持ちと代わりに答えたのではないでしょうか。また、蕪坂(かぶさか)の「殉教者名碑」にも名前が彫られて顕彰されているので、「証し人」のリストに加えることにします。

(29)ドミニコ守山祐次郎

祐次郎は、国太郎(26)の四男で、まつと甚三郎の弟です。祐次郎が苛酷な取り調べの標的にされたのは、彼が若年なのと、棄教をがえんじない国太郎親子への怒りと恨みを晴らそうという魂胆によるものです(浦川『旅の話』)。

杉の丸太を十文字に横たえてこれに祐次郎を縛りつけたり、一日中裸にして朝から晩まで竹縁に座らせたり、または、一日中両手を背中に回させて大黒柱に縛りつけたり、むちで打ったり、鼻や耳にむちを突っ込んでえぐったり、寒風にさらされたり、冷や水をあびせられたり、などの拷問を14日間にわたって受けました。祐次郎は全身を蒼く腫らして危険な状態になります。姉のまつが看病にあたりますが、祐次郎は責められるあいだに悲鳴をあげたことを詫び、「わたしが責められているのは、神様も天からご覧になっているはず。このまま死ねば、天国へ行って神様から厚いごほうびをいただくこともできます。そう思うと、勇気も出、苦しむこともなく耐え忍ぶことができました。……天国へ行ったら皆さんのために祈ります。信仰を捨てずに終わりまで辛抱してください」とも語りました。これが、1871年11月15日のことで、翌16日の朝、祐次郎は帰天しました。享年14。

(30)クリスティナ深堀きり

字大橋出身の市三郎とさい(18)の妹で、1871年2月22日(明治4年1月4日)死去。享年44。

(31)ドミニコ片岡惣市

指導的立場にあったらしく、和三郎(1)や又市(24)らとともに捕らえられ、責め苦を受け、その後、第一次流配で津和野へ流され、取り調べ中に氷責めに遭ったり、三尺牢にも入れられています。１８７１年２月23日（明治４年１月５日）死去。享年46。

(32)ヨハネ・バプティスタ深堀松五郎

字横田出身の松五郎は、先だって死去した妻とめ（19）の後を追うように、半年後の１８７１年４月７日に帰天しました。享年61。字横田出身のこの家族は、長男甚平が単独「長州行」の離散家族でしたが、甚平も萩にあっても改心せず、また、その妻たきも松五郎の娘まつ・みき・つまとともに津和野で信仰を捨てることはありませんでした。

(33)ミカエル山口熊吉

字坂本出身の世帯主で、第一次流配で津和野に流配され、１８７１年５月６日（明治

4年3月17日）死去。享年55。津和野では、山口藩から来た説諭係の小野石斎（述信(のぶざね)）の取り調べを受けています。

(34)カタリナ相川わゐ

宇下土井出身の友八の妹。1871年6月17日（明治4年4月30日）死去。享年27。

(35)カタリナ岩永もり

もりは、岩永又市（24）とすぎ（25）夫婦の娘で、津和野藩による明治4年5月の調査の時点で「不改心」で、6歳で生存と記録されていますが、守山甚三郎の『覚書』によって、それから2カ月後の1871年9月4日に6歳で死去したことが知られます。幼かったので、周囲の人みなから「もりちゃん」と呼ばれて亡くなる前年の11月に父を、12月に母を失っていた「もりちゃん」には、それでも御主への信仰と愛を持ちつづけ、賢明さを示していたことが伝えられています（浦川『旅の話』）。

(36)カタリナ松尾かめ

かめは上土井出身の岩吉とこま（27）夫婦の娘で、『異宗門徒人員帳』には「辛未三十一歳　娘　不改心　かめ」と生存者として記載されていますが、守山甚三郎の『覚書』には「申九月十一日　郷上土井　かちりな　かめ　年三十五歳」と記載されています。すなわち、津和野藩が『人員帳』を作成した1871年6月以降、高札撤廃に伴って帰郷する以前の1872年10月13日（明治5年9月11日）享年35で、獄中で死亡したことになります。

(37)ペトロ新三郎

蕪坂の「殉教者名碑」には、ただ「ペトロ新三郎　二歳」と記されているだけです。『旅の話』には36人の殉教者が列挙されていますが、そのうちの一人の馬場出身のペトロ新三郎に該当するのではないでしょうか。彼は、1870年7月21日に死去。享年2でありました。

「証し人」たちの真実の姿

以上、簡単に述べた津和野の「証し人」たちの伝記からは、美しい人間性と深い霊的生活のさまざまな様相、人格の偉大さを示す事柄を浮かびあがらせることができますし、同時に、それらはキリストの教えを信ずるわたしたちへの現代的意義をも語っています。

「はじめ浦上のキリシタンが二名ずつ一本の縄に括られて市中へ引き下されるや、沿道に並んで見物した市民はざっと四千人、彼ら六十八名の老若男女が普通の罪人とは違い、至極おとなしい無邪気な面持ちで静々と歩を運ぶのを見て、そぞろに同情の念に堪えないのであった。殊に居留外国人はこぞって今度の処置に不満を抱き、奉行にその説明を求めようと息巻いたものである」（浦川和三郎『キリシタンの復活』）。

右記の引用文は、1867年の春、浦上のキリシタンたちが、仏僧の手による死者埋葬を拒否した、いわゆる、「浦上四番崩れ」の端を発した自葬事件によって、同年7月14日深夜から15日早朝にかけて、浦上キリシタンの男女68名が捕吏に捕らえられた、そのときの様子を、浦川師が記述したものです。文中の、特に「おとなしい無邪気な面持ちで静々と歩を運ぶ姿」の一節は、キリストの苦難の預言として有名な、旧約聖書のイザヤの一節を彷彿（ほうふつ）させます。聖書のこの節は、比喩的にキリストの柔和にあてています。7月14日こそ、浦上キリシタンの殉教への「旅」の出発の日で、その後、彼らはキリストの教えのために、本来の殉教の意味、「証し人」として歩みはじめ、「時」と「場所」に応じてキリストのもっとも忠実な弟子としての模範を示していくのです。

津和野の「証し人」37人のなかには、ミカエル藤田清次郎（3歳）、パウロ片岡三右衛門（7歳）、深堀八十助（1歳）、ロレンソ平井正太郎（8歳）、サビナ松尾さの（3歳）、ドミニコ守山祐次郎（14歳）、カタリナ岩永もり（6歳）、ペトロ新三郎（2歳）など、15歳以下の子どもが8人含まれています。彼らにキリシタンとしてふさわしい徹底した信仰、キリスト教について知るところは、それが父母やいっしょに津和野に流配されてきた者たちの信ずる宗教であるということ以上のなにものでもありませんでした。それゆえ、機会を得れば、グループの指導者たちや父母の語る福音に耳を傾け、キリシタンの教えの根底にある知識を得ただけでなく、キリシタンの信仰に対して深い、心からの理解と、その真理の確信とを得、どのような困難や試練が起ころうとも、生涯の終わりに至るまで、他の29人の大人も同様、一度としてゆらぐことのない信仰を持つことができました。

浦上の流配されたキリシタンたちは、この世の宝がいかに実もないものであるかを知っていました。それゆえに、すべてを捨てて、悪に対する戦いだけではなく、その流配で、自分たちはたとえ生命を失おうとも、キリストとともに勝利をおさめ、今までに何千人ともいう殉教者たちが教会に栄光を帰したように、キリストの御力のなかに日本の教会を守るのだ、という覚悟で浦上を後にしました。確固とした信仰を守る毅然たる態度を支えていたのは、キリストの御名のゆえの追放に、殉教の栄冠を得ることこそ、唯一の目標と見ていたのではないでしょうか。この世の宝をさげすみ、天国の宝を得ようと努めていたのです。

そして、流配地に向かう道中、そして虜囚生活の間でも、絶えざる祈りのなかで生きていました。津和野に着くまでも朝夕は祈りを行っていました（『旅の話』）。祈ることによって、全善である神への愛を示していたのです。

一つ一つをあげたらきりがないのでこれくらいにとどめておきます。彼らは苦しみのなかにあってこそ、真価を発揮し、真実の姿を示すことによって、キリシタンに対する偏見がひどかった時代にあって、人々の偏見を払拭し、知的養成を受けてはいませんが、品行方正で、素朴かつ実直な農民たちであることを周辺の人々に十分に理解させることになりました。そしてこのことが、やがて流配者全員の浦上への帰郷へとつながる要因の一つとなったことも事実でありましょう。

帰郷とその後

帰郷実現の実情

浦上キリシタンの帰郷問題については明治3年10月ごろから政府内でも問題になっていましたが、1872年3月に、流配者のうちまず「改心」者の長崎への帰郷が通知されます（第36号布告）。これによって4月から5月にかけて900から1000名程度の者が長崎に帰郷しました。

ついで1873年2月24日、キリスト教の禁制を掲げた高札が撤去され（『法令全書』）、太政官が長崎県に対し、諸県に残留しているキリシタンの帰郷と、各県からのキリシタン受け取りについての取り計らいを命じました。これを受けて、4月から6月にかけて、諸県にとどめ置かれていた2000名近いキリシタンが長崎に戻ることになりました。ここに一村住民の総流配という日本の歴史のなかでも今まで例を見なかった宗教弾圧に、ようやく幕がおろされました。

浦上キリシタンの捕縛と総流配は、明治政府が布告した五榜の掲示第三札の「切支丹之義ハ是迄御制禁之通固ク可相守事」を根拠として行われたものでした。この高札が除去された今、迫害の根拠は失われ、政府は3月14日に太政官達をもって、「長崎県下異宗徒帰籍」を命じ、各地に預けられていたキリシタンたちは浦上に戻されることになりました。

ただし、高札除去の太政官布告にはその理由を「高札面の儀は一般熟知の事につき取り除すべき事」と記され、禁令を解除するとも、キリシタンの信仰は自由だとも書かれていませんでした。しかし、キリシタンたちにとっては、黙許であっても、信仰ゆえに捕らえられることがないということは、自由に教会に行き、司祭に会い、キリシタンとして生活が取り戻される事実が大事でした。

現代に生きるわたしたちの周辺では、信教の自由はどこまで許されるのか、国家は宗教活動にどこまで干渉しうるのかといった問題を考えざるを得なくなった事件がたびたび起こりました。このような社会に衝撃を与えた不幸な事件と、浦上キリシタン流配事件をけっして同系列にみなすのではないことを、お断りしておきます。

津和野だけでも37人の犠牲者を出した浦上キリシタン流配事件は、1873年の高札の撤去に伴ってキリスト教の宣教が黙認され、キリシタンたちの浦上への帰郷をもってようやく終結しました。この点に関しては、諸外国からの宗教弾圧への抗議と岩倉使節団が果たした信教自由への要請が要因であった、とするのが一般の見解です。それも正しい、一つの見方でしょう。しかし、諸外国の圧力と岩倉使節団の要請が、最大の力であったのではありません。キリシタンたちが流配先で示した信仰の堅固さや模範、苦しみや悲しみを甘受し、それらに耐える力を神の恵みとして祈り求める態度も要因の一つとして忘れてはなりません。帰郷したキリシタンたちは流配地で体験した筆舌に尽くしがたい多くの苦難にもめげずに、信仰を守りとおそうとしたことを「旅」の話として楽し気に語り、弾圧に加担した人々を責めませんでした。

多くの犠牲を払わされながらも、キリシタンたちみずからがその存在でもって、政府をしてキリシタンへの宗教弾圧の継続をやめさせ、まずは1873年、高札撤廃を実現させ、次には1889年、『大日本帝国憲法』第28条で条件付きながらも信教の自由を承認させ、そして1946年、『日本国憲法』第20条で完全なる信教の自由へと歩む道筋をつけてくれたのです。

このような見解は、早くも当時の宣教の責任者であったプティジャン司教も述べています。すなわち、1873年3月31日付で、パリ外国宣教会本部宛てに次のように書き送っているのです。

わたしは日本でのキリスト教禁教令の撤廃とわが親愛なる信仰告白者〔浦上のキリシタンたち〕の解放を告げる電報をあなたがたに打ったばかりです。この手紙がそちらに着くのは、電報が届いてより大分経ってからのことと思います。わたしは電報をできるだけ明確にするようつとめましたが、あなたがたにその説明をしなければなりません。高札撤去は3月上旬からほとんど至るところで行われました。国内の全地方でこの撤去をするようにとの日本政府の命令が出されました。キリシタンを解放するようにとの命令はこの月の14日にでました。そして今日の3月31日朝7時にわたしは大阪からアルフォンス・クーザン神父の手紙を受け取りました。その写しを同封します。他の囚人たちも、おそらく解放されたのです。高札の撤去と囚人の解放の二つの事実はわたしたちにとって宗教上の寛容に相当します。

最後に津和野での逸話を伝えておきましょう。ある日、津和野藩に流された高木仙右衛門たちのところへ福羽美静がやってきて、仙右衛門たちにご馳走をし、その信仰について尋ねたことがありました。その時、福羽はだまって仙右衛門のことばに耳を傾けるだけだったといいます（『高木仙右衛門の覚書』）。この話は、何を語っているのでしょうか。どのような権力を有しようと、人の心のなかに暴力的に踏み込んでその考えなりを変えることはできず、こうした相対する闘いのなかで優位に立つのは、かえって厳しい弾圧の対象となった人々であり、表面的には弱い立場の彼らが、権力者の側に困難な問題を投げ返すということです。浦上キリシタンたちの流配問題は、まさにこれにあてはまるのです。「神は強いものを恥じ入らせるために、この世で弱いとみなされているものを選び出された」（一コリ1・27）のでした。

それと同時に、わが国の近世人にとってもっとも排除されなければならなかった「キリシタン邪宗門観」の払拭（ふっしょく）にも、一翼を担ったのです。流配地でのキリシタンたちの、「証し人」まで出したねばり強い抵抗は、けっして武器をとったりするような力による抵抗ではなく、あくまでも与えられた境遇を甘んじて受け、艱難、苦労、拷問などのなかで最後まで信仰を貫きとおすという抵抗が、為政者にはもちろんのこと、広く一般人民にも多くの影響を与えたのです。

わたしたちは、西欧のような、熾烈な宗教戦争（例をあげるなら、カトリック・プロテスタント両派が争った「三十年戦争」）を経験した結果として、信教の自由を獲得したのではありません。信教の自由なるものをはじめて手に入れることができたのは、浦上キリシタン流配事件をとおして果たしたキリシタンたちの役割であったのです。信教の自由という、近代国家にとって、もっとも重要な国民の権利が獲得されるうえで、浦上キリシタンたちは、その犠牲をとおして大きく貢献した主役の役割を果たしたのです。

信教の自由獲得という、キリシタンたちの果たした役割としてもう一つ加えておきましょう。それは、キリシタンたちを預かった諸藩側が、キリシタンたちに改宗を勧める教諭のなかで、キリシタンたちを改宗させることの難しさに直面したことです。これが、諸藩をして、さらには政府をして、最終的にはキリスト教禁止の高札を撤去させるまでに決意させたということです。と同時に、「信仰の勝利」（一ヨハネ5・4－5）を証明したのです。

「証し人」に対する声望――結びにかえて――

『旅の話』をまとめた浦川和三郎司教は、次のようにも伝えています。

いよいよ故郷に帰れる日が近づいたころ、津和野藩の説諭係であった千葉恒春（ちばつねはる）・森岡幸夫（もりおかゆきお）・金森一峰（かなもりいっぽう）の3名が仙右衛門ら4名を千葉の屋敷に招いて饗応をしました。今まで囚人として残酷に取り扱ったことを謝罪するつもりであったらしいです。その席で3名は口をそろえて、「武士であるならば立派な武士だ。あなた方のように、堅固に義を通したものはいない」と彼らをほめた、といいます。

そして最後に浦川は、「慶應、明治の交（こう）（時代などの変わり目）にも、彼らは信仰のため、その家を捨て、その田地を投げ打って、流罪の旅に上り、長きは5年、短くても3年有半にわたって、つぶさに辛酸をなめ、幾多の艱難、苦労、拷責（ごうせき）にたたかれながら、敢然として初志を翻（ひるがえ）さず、もって『日本切支丹ここにあり』と世界に向かって大声疾呼（しっこ）したものである」と語っています。加えて、牢獄の番人であった岡村市蔵の証言によると、「彼らがただの一度も悪いことをしたことを見たことはなかった。感心すべき挙動は数々あるけれども、年月も経過しているので、現在は詳しくは覚えていない。しかしながら、非常に心打たれてわたしが今でも忘れることのできないのは、彼らが堅固な信仰を保持していたということである」（加古義一『山口公教史』）ということです。

これらの話は、カトリック教会側のものです。ところが、岩倉使節団の副使、のちに政府の高官、それも初代の内閣総理大臣を務めた伊藤博文が、留守政府の首脳である大隈重信と副島種臣に書き送った書簡（パリ発明治6年1月2日付大隈重信・副島種臣宛、同年1月29日付井上馨宛、『大隈重信関係文書』、『伊藤博文伝』）の中にその認識をみることができます。伊藤は、留守政府にキリスト教禁令の撤廃を強く求め、それが高札の撤去に決定的な影響を与えたものとして、考えられています。この二通の書簡の一節で、日本に信教の自由を求める欧米諸国政府自体の圧力が強くてこれに屈するのではなく、カトリックの宣教師や信徒の声を受けて、やむをえず発せられたものであることを示唆しているのです。このような認識を有するようになったのは、いかなる理由からでしょうか。それはおそらく、直接ことばに出して言わないまでも、諸藩に流配されたキリシタンたちの信仰心と剛毅の前に屈服せざるを得なかった気持ちを吐露したのではないでしょうか。

日本での声望は当時の宗教事情からなかなか見つけることができませんが、海外でのそれはたくさんあります。そのうちからドイツの宣教雑誌*Die Katholischen Missionen*の創刊早々（１８７３年8月第1巻2号）に掲載された一つの論文と、教皇ピウス９世の書簡をあげておきます。これらは、当時、ヨーロッパにおいて日本に関する興味がいかに深かったかをもよく表しています。

前者の論文は、日本におけるキリスト教の宣教再開から始まり、長崎における信徒発見、いわゆる、浦上四番崩れとその結末を述べ、最後には将来への展望で結ばれています。[12] その将来への展望のなかの最後の一節こそ、当時のカトリック教会の声望そのものを代弁していると受け取ることができるのです。

12　なお、この5回にわたって連載された論文には執筆者名は記されていませんが、じつはこの雑誌の創始者の一人であったスピルマン神父です。師は１８４２年、スイスのツークに生まれ、１８６２年にイエズス会に入り、１８７４年司祭に叙階されました。１８７３年上述の雑誌の創刊にも協力し、１８８０年から９０年までその編集長を務めました。１９０５年、ルクセンブルグで他界しました。

だが、まだ最後の良い結果について失望する必要はありません。以上の困難をここにあげたのは、17世紀にもキリシタンたちの勇ましい信仰態度によって教会の誉れとなったあの気の毒な国〔日本〕のために、わたしたちがいっそう熱心に祈るように励ましをしようとしたからです。なお、日本の教会が迫害中に現した勇ましい信仰態度こそ、最後の勝利は真理にあるだろうという希望をわたしたちにもたらしています。このことをピウス9世が数か月前、1873年4月17日にプティジャン司教に宛てた書簡のなかで表しておられますので、この論文を終えることにしたいと思います。

この論文の最後に述べられている、後者の1873年4月17日にプティジャンに宛てた書簡は、17世紀にも現代にもそのキリスト信者の勇ましい信仰態度によって全カトリック教会の誉れとなった日本という国のために、わたしたちがいっそう熱心に祈るように励ましを与えると同時に、日本の教会が迫害中に現した勇ましい信仰態度こそ、最後の勝利は真理であるという希望をわたしたちにもたらしている、と述べています。この教皇のことばをもって、当時の声望を述べるのを終わることにします。

ああ、このように多くの福音の奉仕者の汗、このように多くのキリスト信者の血でもってうるおされたかの国〔日本〕が異教の暗黒から救出され、三百年も前にザビエルがそこへもたらしたあの福音の光にて照らされますことを。ああ、千人や万人ばかりでなく、かの国のすべての国民をわたしたちの腕に抱き、教会のなかへ迎え入れることができますことを。ひとまず、わたしたちの名においてあの受難者を祝し、宣教師とカテキスタをも祝し、すべての信徒を祝せられますように。教会はキリストの十字架においてこそ広まり、わたしたちの信仰が世に打ち勝つ勝利であることを彼らに告げてくださいますように、お願い申し上げます[13]。

13 L. Magnino, *Pontificia Nipponica*, v. II, n. 115.

ブックデザイン　佐藤 克裕

著者紹介

筒井 砂（つつい すな）

元上智大学職員。
カトリック広島教区列聖委員会委員。
〔訳書〕ヴァリニャーノ『日本イエズス会士礼法指針』、
トルチヴィア『ジョヴァンニ・バッティスタ・シドティ』（いずれも共訳）。

監修者紹介

片岡 瑠美子（かたおか るみこ）

純心聖母会会員。長崎純心大学長。
学位：教会史学博士（グレゴリアナ大学）。
専攻：カトリック教会史、特に日本教会史（キリシタン史）。
著書：『キリシタン時代の女子修道会―みやこの比丘尼たち』、
『日本司教ルイス・セルケイラの生涯と司牧 1598-1614』他。

津和野 乙女峠 37人の「証し人」

著　者　筒井 砂
監修者　片岡 瑠美子
発行所　女子パウロ会
代表者　松岡 陽子
〒107-0052　東京都港区赤坂 8-12-42
Tel (03)3479-3943　Fax (03)3479-3944
Web サイト　https://www.pauline.or.jp/
印刷所　図書印刷株式会社
初版発行　2023年 4月 9日

ISBN978-4-7896-0836-7 C0016 NDC194